出席论坛的部分领导合影

首届中国新闻出版智库高峰论坛·主论坛现场

南京大学党委副书记朱庆葆致
论坛开幕式欢迎辞

国家新闻出版广电总局数字出版司
副司长冯宏声作《加快智库建设，
推动内容产业发展》主题报告

韬奋基金会理事长聂震宁作《关于建立创
新引领的产学研高端新闻出版智库联盟的
建议》主题报告

中共中央宣传部出版局原副局长、巡视员刘建生作
《出版融合的框架和基准》主题报告

微软（中国）有限公司首席技术官韦青作
《人工智能与大数据的技术趋势》主题报告

智慧型知识服务关键技术与标准重点实验室揭牌仪式

知识产权领域知识挖掘与服务重点实验室揭牌仪式

融智库分论坛（数字出版"千人计划"）现场

党政智库分论坛（新型管理，数字经济）现场

企业智库分论坛（知识服务，产业创新）现场

高校智库分论坛（新兴出版）现场

首届中国新闻出版智库高峰论坛·成果发布主论坛现场

融智库第二批专家授牌仪式

第二届中国新闻出版智库高峰论坛交接仪式

融智库董事长张新新发表论坛闭幕讲话

与会领导和嘉宾合影留念

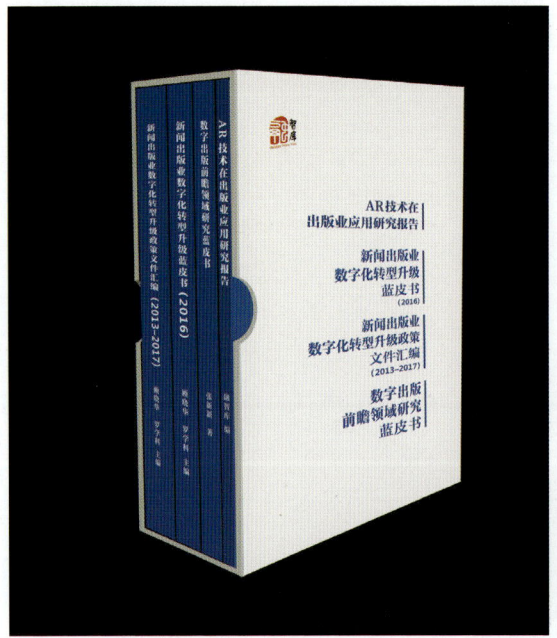

智库系列报告

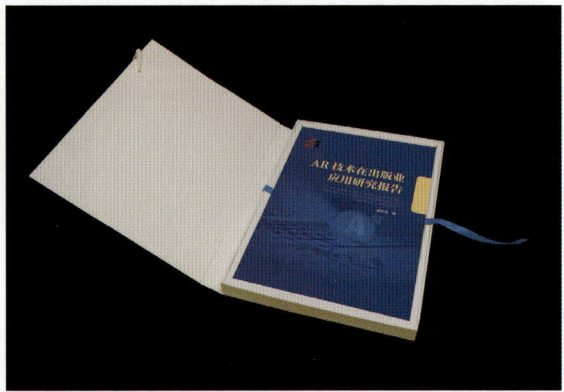

AR 技术在出版业应用研究报告

新闻出版业数字化转型升级政策文件汇编（2013—2017）

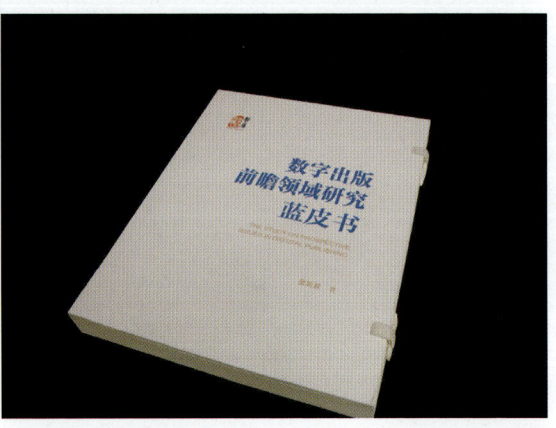

数字出版前瞻领域研究蓝皮书

首届中国新闻出版智库高峰论坛成果集

Collection of The First China Press
and Publication Industry Think Tank Summit

张新新　唐学贵　郭玉洁　编

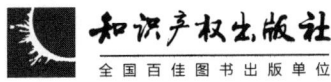

知识产权出版社
全国百佳图书出版单位

图书在版编目(CIP)数据

首届中国新闻出版智库高峰论坛成果集 / 张新新,唐学贵,
郭玉洁编. —北京:知识产权出版社,2018.5
ISBN 978 – 7 – 5130 – 5529 – 1

Ⅰ. ①首…　Ⅱ. ①融…　Ⅲ. ①新闻工作—中国—文集
②出版工作—中国—文集　Ⅳ. ①G219.2 – 53
②G239.2 – 53

中国版本图书馆 CIP 数据核字(2018)第 074461 号

内容简介:

　　本书正文分为七部分,包括首届中国新闻出版智库高峰论坛开幕式主论坛、成果发布主论坛、数字出版千人计划分论坛、党政智库分论坛、企业智库分论坛、高校智库分论坛等参会嘉宾的发言稿,内容涵盖智库建设、知识服务、人才培养、大数据挖掘、人工智能、AR/VR 技术、网络信息安全等前沿内容,实用性和可读性较强。

　　责任编辑:李　婧　　　　　　　　　责任出版:刘译文

首届中国新闻出版智库高峰论坛成果集
SHOUJIE ZHONGGUO XINWEN CHUBAN ZHIKU
GAOFENG LUNTAN CHENGGUOJI

张新新　唐学贵　郭玉洁　编

出版发行:知识产权出版社有限责任公司　　　　网　　址:http://www.ipph.cn
社　　址:北京市海淀区气象路 50 号院　　　　　邮　　编:100081
责编电话:010 – 82000860 转 8594　　　　　　责编邮箱:lijing@ cnipr.com
发行电话:010 – 82000860 转 8101　　　　　　发行传真:010 – 82000893
印　　刷:北京嘉恒彩色印刷有限责任公司　　　经　　销:各大网上书店、新华书店及相关专业书店
开　　本:720mm×1000mm　1/16　　　　　　印　　张:13
版　　次:2018 年 5 月第 1 版　　　　　　　　印　　次:2018 年 5 月第 1 次印刷
字　　数:250 千字　　　　　　　　　　　　定　　价:68.00 元
ISBN 978 – 7 – 5130 – 5529 – 1

思想的盛宴

"金秋送爽，丹桂飘香"。2017 年 10 月 13 至 15 日，来自全国各地新闻出版业的代表齐聚南京大学，共商新闻出版智库创新发展，共议现代出版业未来走向，共铸献言建策机制，共享思想盛宴。

2017 年 10 月 15 日，由国家新闻出版广电总局数字出版司指导，南京大学、中国音像与数字出版协会专业数字出版工作委员会、融智库 3 家单位联合主办的首届中国新闻出版智库高峰论坛顺利闭幕。此次高峰论坛，在南京大学信息管理学院、中地数媒（北京）科技文化有限责任公司、江苏凤凰出版传媒股份有限公司 3 家承办单位以及其他 9 家协办单位、12 家媒体单位的精心筹备下，在与会同仁的共同努力下，顺利完成了论坛预期的议题，取得了圆满成功！

"我有嘉宾，鼓瑟吹笙"。参加本次高峰论坛的共有 275 位代表，其中政府机构领导 23 位，出版机构代表 82 位，专家学者 43 位，企业公司代表 105 位，其他相关部门代表 22 位。

"融智聚慧，共谋发展"。在充实而又紧张的三天时间里，大会举办了开幕式主论坛、成果发布主论坛、数字出版"千人计划"分论坛、党政智库分论坛、企业智库分论坛、高校智库分论坛，公布了第二批融智库专家名单，揭牌 2 家新闻出版业科技与标准重点实验室。与会代表就智库建设、知识服务、人才培养、大数据挖掘、人工智能应用、AR/VR 技术、网络信息安全等政、产、学、研密切关注的重要议题展开了充分的交流和深入的探讨，在交流中激发出学术锋芒，在探讨中擦出思想火花。主论坛专家收放自如的精彩演讲，让我们感受到知识的厚重与凝练，思想的魅力与光芒；分论坛专家的精彩讲解和点评，向我们展示了业界与学界代表的思考与探索。

在短短三天的时间里，大家达成了很多学术共识，分享了诸多实务经验，进一步增进了相互之间的情谊。首届中国新闻出版智库高峰论坛的举办，对于推动和促进新闻出版业智库向战略性、前瞻性、高端化方向发展必将产生深远的影响。

融智库将以海纳百川的胸怀，吸收全国各地的新闻出版专家，与专家们携手前行，砥砺奋进，为数字出版的发展繁荣殚精竭虑，为新闻出版业的转型升级出谋划策，为文化产业的提质增效添砖加瓦。

姚新新

2017 年 10 月 15 日

目 录

党政智库分论坛——新型管理，数字经济 >

高校智库分论坛——新兴出版（AI出版）>

企业智库分论坛——知识服务，产业创新 >

成果发布主论坛 >

附 录 >

主论坛

——转型创新，融合致远

主持人：南京大学信息管理学院院长、长江学者　孙建军

中国音像与数字出版协会副秘书长　王　勤

2017年10月14日上午（08:30—11:55）

开幕式欢迎辞

◎ 南京大学党委副书记　朱庆葆

今天我们相聚在南京大学仙林校区隆重举行首届中国新闻出版智库高峰论坛开幕式，在此我谨代表南京大学向莅临本次大会的各位来宾表示热烈的欢迎和衷心的感谢。

中国特色新型智库是党和政府科学、民主决策的重要支撑，是国家治理体系和治理能力现代化的重要内容，也是国家软实力的重要组成部分。"十三五"时期既是中国全面建成小康社会决胜阶段，也是推动新闻出版业转变发展方式、从新闻出版大国向新闻出版强国迈进的关键时期，又是新闻出版业大有可为的重要战略机遇期。纵观当今国际竞争态势，中国新闻出版业智库的建设无论对整个行业，还是对国家的政治、经济、文化乃至于对文明进程，都有着不可忽视的作用，新闻出版业"十三五"时期发展规划明确提出：要加快智库建设，提供智力支持保障，完善新闻出版科技专家库，充分发挥科研机构、高等院校、技术企业、新闻出版企业在新闻出版科技创新体系建设中的重要作用。

党的十九大的即将召开，预示着中国特色社会主义事业迈入新的征程，中国特色新型智库建设和新闻出版业也将面临新的机遇和挑战。在新的节点上我们组织召开中国新闻出版智库高峰论坛，旨在搭建衔接政府、企业、行业的智库桥梁，推动新闻出版行业沿着正确导向健康发展，推进官方智库、高校智库和企业智库融合发展，相互借鉴、高端交流、合作共赢，努力打造具有中国特色的新闻出版智库，推动中华文化走向世界，在国际舞台上发出中国声音。

南京大学一直以来秉持优良校训，在长期的办学过程中始终与时代同呼吸，与民族共命运，为国家富强和民族振兴做出重要贡献。近年来学校在高校新型智库和编辑出版学科建设方面做出成绩，多项成果得到国家相关部门的认可。长江产业经济研究院成功入选国家高端智库试点单位，我校自主研发的中国智库索引 CTTI 已初步发展成国内智库领域科学评价和规范化管理的重要品牌，以编辑出版学科为重要组成部分的图书情报与档案管理学科培养了一大批德才兼备的行业有生力量，在国内外有重要影响，而且已经跻身"双一流"学科建设行列中。

首届中国新闻出版智库高峰论坛能够在南京大学举办，正是对我校以往成绩的肯定，也是对我校的鞭策，我们将以本次论坛为契机，牢记使命和责任，不忘初心，坚持服务国家，把握新机遇，应对新挑战，汇聚新闻出版业精英智慧，共同建立人才智库队伍，齐心协力解决行业标准、数字化转型、信息安全、版权管理等相关问题，聚焦学术前沿，在智库品牌建设、特色打造和话语引领等方面做出实际成效，努力提高新闻出版业的发展水平，推动高校、科创、企业以及社会各类智库的思想碰撞与交流合作，为建设中国特色新型智库，完善中国特色哲学社会科学学科体系、学术体系、话语体系和推进文化自信做出应有的贡献。

在中共中央宣传部和国家新闻出版广电总局等上级部门的指导与支持下，在各位嘉宾、专家、学者的共同努力下，中国新闻出版业智库将融智聚慧，繁荣发展，创造辉煌的明天。最后，预祝首届中国新闻出版智库高峰论坛圆满成功，祝各位嘉宾身体健康、工作愉快！

加快智库建设，推动内容产业发展

◎ 国家新闻出版广电总局数字出版司副司长　冯宏声

尊敬的各位领导、嘉宾，来自全国各地的党政机关、高校以及业内的出版同仁，非常高兴有机会参加首届中国新闻出版智库高峰论坛，因为本次论坛很多话题是聚焦在转型升级和融合发展方向，所以会议主办方和数字出版司沟通之后，司里非常重视，司长委托我代表司里参加这次会议，就司里面目前的工作思路和我们对智库的期望跟大家做一个交流。

一、建设中国特色新型智库的时代背景和意义

1. 智库的一般概念

智库，又叫智囊团，主要是以公共政策为研究对象，以影响国家决策为研究目标，以公共利益为研究导向，以社会责任为研究准则的专业研究机构。

通俗地讲，就是一群很厉害的人组成个很厉害的组合，时不时围在一起讨论国家大事，然后给出自己的见解。

2. 中国特色新型智库建设的背景

党的十八届三中全会提出要建设中国特色新型智库，将智库建设工作提到了国家战略高度。习近平总书记从推动科学民主依法决策、推进国家治理体系和治理能力现代化与增强国家软实力的战略高度，就加强中国特色新型智库建设多次作出重要论述。

2015 年 1 月，中共中央办公厅、国务院办公厅印发《关于加强中国特色新型智库建设的意见》，强调要把中国特色新型智库建设作为一项重大而紧迫的任务切实抓好。

3. 中国特色新型智库建设的解读

中国特色新型智库是以战略问题和公共政策为主要研究对象、以服务党和政府科学民主依法决策为宗旨的非营利性研究咨询机构。

中国特色新型智库的"新型"，主要指人员组成、指导思想、服务对象、研究内容、表现形式、成果应用等，要与过去的、国外的智库不同。当前，中国创新转型发展，提出了一系列重要且亟待解决的理论和现实问题，中国特色的新智库建设显得日益重要。

二、对智库建设的基本理解

1. 智库应当具备的能力

观察力、敏锐性：眼界要宽，特别是在某个垂直领域，要有足够的信息来源，有足够的敏锐性，及时发现热点。

分析力、逻辑性：要形成一套分析模型，有严密的逻辑推导，提出的建议结论可被验证，可被复盘，可被操作。

判断力、前瞻性：对新问题的解决方案，要敢于下结论，对未来敢于预测，依赖于超越时代的判断能力，有发现规律的能力。

原创力、独立性：不能人云亦云，要有能够提出另辟蹊径解决方案的能力，保持客观、公正、独立，不受各种利益干扰。

实践力、操作性：研究的目的是应用，研究结果会表现为一套理论，但应当是可以执行的理论，并具备不断纠错的能力。

2. 智库运作流程

智库的运转，所依赖的核心动力是"发现—学习—预测—构建—验证—修善—确立"的一套流程方法。

3. 出版业要积极参与国家智库建设

智库的成果，其核心价值是在已有的理论型知识基础上，推导出新的理论型知识，并在实践中成为经验型知识，用于指导行业。

出版业应当成为智库建设的重要力量，智库建设离不开知识的沉淀与再造，而这恰恰是出版业天然具备的基本功能。同时，出版业自身的发展也离不开智库建设的支持。

三、出版业对智力资源和智库支撑的行业需求

1. 出版业发展迫切需要智库支持

中国智库分四类。一是党政军智库，二是社会科学院智库，三是高校智库，四是民间智库。在新闻出版行业领域，对照来看，中国新闻出版研究院是国家新闻出版广电总局长期依赖的外脑，众多设立相关专业的高校具备了智库的潜质，企业发起成立的民间智库刚刚兴起，尚未形成气候。

2. 国家新闻出版广电总局的部署

在《新闻出版广播影视"十三五"发展规划》中，国家新闻出版广电总局提出，要加强新闻出版广播影视行业新型智库建设，重点建设一批具有较大影响力的高端产业智库，造就一支坚持正确政治方向、德才兼备、富于创新精神的注册研究和决策咨询队伍，通过项目招标、政府采购、直接委托、课题合作等方式，引导相关智库开展新闻出版广播影视政策研究、决策评估、政策解读等工作。

规划在"专栏8：新闻出版广播影视市场体系建设项目"中，提出"03 – 国家新闻出版智库建设工程"：统筹整合优质资源，建设若干家国家亟需、特色鲜明、制度创新、引领发展的新闻出版专业化智库，支持有条件的新闻出版科研单位先行开展高端智库建设试点，鼓励国有及国有控股新闻出版企业兴办产学研用紧密结合的新型智库。

在《新闻出版广播影视"十三五"科技发展规划》《新闻出版业"十三五"时期科技发展规划》中，将支持科技创新体系建设、加强科技智库建设纳入到保障措施中，国家新闻出版广电总局科技规划提出：加强科技专家智库及咨询机构建设，发挥行业内外专家咨询和指导作用，提高科学民主决策水平。

目前，规划发展司正在筹备开展行业智库建设的相关工作，将会就新闻出版广播影视行业的智库建设进行总体部署。

3. 出版行业需要怎样的智库

除了前面谈到的基础条件外，有志于加入出版行业智库建设的机构和专家，还应当有这样的考虑：一是不受企业利益影响，要站在行业高度进行研究；二是不受政府现有管理模式影响，要站在发展高度进行研究，不只是解读现行政策，更要提出未来的政策建议；三是不受行业局限性影响，要站在国家高度，超越当下出版业的视角。

要满足的需要包括：一是满足政府需求，服务决策制定；二是满足行业需求，服

务秩序维护；三是满足企业需求，服务市场发展。

4. 对业内的希望

有更多高校智库、民间智库出现，形成政产学研用的合力，规范化运行，发现问题、提出课题，深入调研、形成理论，提出措施、大胆实践，推动出版业乃至整个内容产业的有序发展。

四、智库应当聚焦转型升级的新兴领域和重点方向

1. 当前转型升级与融合发展的总体形势

转型升级完成初步的路径探索，大部分跟上节奏的传统出版单位完成了最基础的技术装备配置、资源数字化转化，部分单位实现了产品管理与市场运营的数据化，少部分先头部队在知识体系建设方面打下坚实基础，为全面升级知识服务奠定了基础。

具体表现在：通过重大工程与单独的技术研发项目，囤积了一定的技术装备，初具数字化生产能力；通过 CNONIX 标准应用示范，在试点示范单位范围内，打通产品数据在出版发行环节的交换与共享路径；通过 ISLI/MPR 的试点示范以及 ISBN、ISRC 等标准的改造升级，电子书标准、数字出版标准、技术改造项目中内容资源数字化加工等一系列标准的制定和推广，为实现资源管理的编码化奠定基础；通过知识服务的试点，知识组织能力提升、知识服务市场化模式有了初步探索。全行业正在沿着十三五规划中既定的数字化转型升级的四化方向，有序推进。

融合发展稳步推进，部分大型传统出版单位的平台、渠道建设取得进展，但仍然处于分散状态，行业级别的平台、渠道建立仍有待于加强。体制机制上与新兴互联网内容企业的融合之路，仍然漫长。

2. 转型升级工作对智库支持的需求

一是行业发展，关于转型升级融合发展后续方向的研究，研究具体路径与模式；二是行业管理，关于管理机制的优化与创新，提出政策建议；三是行业理论，关于新出版的概念体系、模式模型的建立。

3. 对相关研究课题的建议

转型升级、融合发展已经进入深水区，上台阶的难度更大。下一步智库研究课题的具体方向，需要技术应用的路径探索，需要商业模式的创新建议，需要宏观政策的顶层设计方案，更需要基础理论体系建设。以新逻辑架构的建立，支持新理论、指导实践。出版业的转型升级最终要与互联网融合，在"互联网+"的背景下，分离出"技术+"与"内容+"，再推动"服务+"，以一生三，实现三生万物。要让出版成为互联网的一部分，出版业成为互联网产业。

（1）发展：研究传统出版转型案例，探索更多转型路径。目前，从专业出版的转型升级出发，初步探索出一条转型升级路径，"内容+"落地为"知识+"，探索

出多种"知识服务"模式，再回归传统出版，大众出版、教育出版也会有"知识服务"的模式应用。

——面向专业需求用户供应的知识，多是理论型知识、经验型知识，并要有生产方法类知识（大生产概念，包括商业运营等），通过互动（讨论、文章）产生知识再沉淀，实现"知识＋生产"。

——面向教育需求用户供应的知识，以已验证知识为主，兼顾学习方法类知识，满足成长性学习需求，会有知识以故事形式再包装，通过互动（作业）进行用户学习效果验证，实现"知识＋学习"。

——面向大众需求用户供应的知识，以已验证知识为主，以知识普及为目的，满足掌握生存技能的需求、满足日常学习需求、满足无功利目的的学习需求，知识多以资讯、故事形式再包装，同时通过互动（社交）进行用户间学习效果验证，实现"知识＋生活"。

后续，要从大众出版的转型升级出发，推动行业再开辟一条转型升级路径，"内容＋"落地为"故事＋"，探索"全版权运营、多形态生活场景"的模式。用故事的思想内核，形成三观的具体表达，形成群体认同的生活品位与格调，完成"人格塑造"。以故事要素提炼为基础，产生内容操作系统，表达形式与承载方式多元化，借助各种商品与服务作为"载体、介质"，渗透入生活，实现"故事＋生活"。

对于教育出版的转型升级，要考虑连接学校家庭、教室书房、教师学生，探索"互动交流"的方向，做交流式的"知识＋"，侧重知识交互的形式、方法、路径问题，实现"知识＋学习"。

（2）发展：研究互联网新兴技术，设计新技术应用模式。要跟踪物联网、大数据、人工智能、AR/VR 等新技术发展，既要跳出出版看技术，也要跳出技术看技术，要回归技术的人文性，回归技术自身发展过程中，对人类社会的需求，科技需要文化的指引。

内容的背后，是文化、是信息，更是思想。要从人对文化、对信息、对思想的需求出发，找到技术的应用可能，要有想象力，更要有执行力，务虚务实相结合，全面推进出版业、内容产业的发展。

（3）管理：研究政策管理的规律，设计新政策管理机制模式。绘制产业全景图，将现有企业的实际行为抽象提取，产业全景图的底图，应当是角色布局图。再将传统的管理模式抽象化，提取管理工作的价值核心，放入新的产业角色布局图中。

要重点考虑，对产业角色的主体资质、行为规范（对行为结果的规范：产品；对行为过程的规范：服务）的管理设计。

要重点考虑，加强层次设计。加强政府、行业机构、企业的三重设计，提高对行业机构角色设计的权重，服务政府、服务企业，缓解政府监管压力，提高市场自律意识，维护行业总体秩序。

（4）理论：研究互联网与出版的关系，重构出版概念模型

互联网＝技术＋内容＋服务；出版业视角的"内容互联网"包括：

①技术＝标准＋工具集

技术两个层次：基础技术＋内容生产传播技术

基础技术标准：通讯技术标准、通讯协议

内容技术标准：生产工具标准＋生产流程标准＋其他标准

基础技术工具：操作系统＋系列应用软件

内容技术工具：内容生产线（数据加工＋管理＋编辑加工＋发布）

②内容＝标准＋资源集

内容两个层次：元数据（描述数据）＋资源数据（内容封装进符号数据）

基础内容标准＝编码标准＋数据标准＋质量标准＋其他标准

基础内容资源＝内容操作系统（领域知识体系建设）＋内容资源库

基础内容分类＝思想 × （表达＋表现）＝知识＋故事＋资讯

——知识，提高认知，借助理论与经验，赋予能量

——故事，虚拟体验，借助情节与因果，树立三观

——资讯，了解社会，借助消息与评论，影响社交

③服务＝面向用户的市场服务＝满足（专业＋教育＋大众）需求

——技术服务：IAAS 接入即服务＋PAAS 平台即服务＋SAAS 软件即服务

——内容服务：内容供应渠道＋内容供应平台＋内容应用服务

——内容服务目标：生产＋生存＋生活

面向专业需求，主要是供应知识，满足生产，提高效率。

面向教育需求，主要是供应技能，实现生存，学会成长。

面向大众需求，主要是供应故事，享受生活，养成格调。

（5）理论：从供应角度研究出版本质，构建新出版供需模型

供应源头的信息内容分为：资讯、故事、知识，三者是信息、文化、思想的表达形式。三者不是截然分开的，三者可以相互渗透。资讯中包含知识，资讯中讲的是故事；故事里蕴藏知识；知识以故事形式出现；资讯内容带来经验型知识。资讯、故事、知识与传统出版的大众、教育、专业三分法不是简单一一对应，而是复杂的多重对应关系。在供需分类两个维度之外，再引入资源封装分类、产品呈现分类两个维度，实体＋虚拟＋复合关联的产品形态分类，图文声像影的资源形态分类（即数据封装符号的分类）。以此为基础，在理论上构建新出版的核心业务模型，即供需模型。

当然，除了上述课题提出的方向外，还有很多问题值得研究。比如新闻出版与广播影视的融合，如何从技术入手、标准引领，以平台渠道建设为依托，加速业务流程对接与融合，最终实现多种类型内容产业的体制机制融合，推动新内容产业发展。

同志们，智力资源是一个国家、一个民族最宝贵的资源。我国的智库建设在近年来进入快速发展阶段，在出思想、出成果、出人才方面取得了很大成绩。新闻出版领域的智库建设，也要迎头赶上。

希望看到更多力量投入到内容产业领域的智库建设中，深入贯彻习近平总书记系列重要讲话精神，以服务党和政府决策为宗旨，以政策研究咨询以及行业基础理论建设为主攻方向，以完善组织形式和管理方式为重点，以改革创新为动力，努力建设面向现代化、面向世界、面向未来的新型智库，更好地服务党和国家工作大局，为实现中华民族伟大复兴的中国梦提供智力支撑。

出版事业的时间与空间

◎ 中共中央宣传部出版局原副局长、巡视员　刘建生

　　党的十九大召开前夕，我们有了这次空前的盛会。高峰论坛群贤毕至，高朋满座，举目皆鸿儒，激情贯胸襟，与南京大学校园满树的桂花相映成趣，组合出绝美的秋色。

　　刚才朱庆葆副书记的致辞，让我们读出了南京大学的厚重、丰富、笃实。这里不仅有历史的渊源，更有被社会不断锻造、淬火、冶炼所形成的民族脊梁、国家栋梁。南京大学"格物致知、追求真理"的科学精神与传统哺育了一代又一代精英。他们一直在孜孜求索、攀高登坚，一直是勇于垫基、敢为人先。从匡亚明老校长倡导的"大学语文"到后来试行"通识教育"，南京大学领航中国高等教育，始终走在最前列。

　　回想当年，在匡亚明先生直接指导、鼎力支持、大声吁请下，我们的教育出版社

（大象出版社）编辑出版了煌煌五十卷的《中国科学技术典籍通汇》，巨制一出，举世震动。它不仅充分印证了李约瑟先生的《中国科学技术史》，而且以悠久、翔实、厚重的中国科技元典"当惊世界殊"。我们深深怀念匡亚明先生，分外珍惜先生留下的宝贵精神遗产。南京大学"四个融通"的理念，南京大学"加强应用、注重基础、发展边缘、促进联合"的方针，南京大学"强基""广用""惠民"的指导思想，正是秉承了老校长的办学理念，今天更需要在智库建设中发扬光大。

进入知识经济时代，知识和智慧的胜出，信息拥有和服务的胜出，智囊谋划、决策战略的胜出，极大地挑战陈旧的框架和习惯，挑战现有的机制和体制，促进整个社会大变革、大发展、大进步。

能够拥有人类文明发展所有精神、物质成果，能够站在人类社会知识的制高点、智慧的制高点、信息的制高点，能够拥有英明决策、长远视野、持久战略，成为一个国家、一个民族兴旺发达、强大繁荣的首要条件与基本保证。占有、利用知识和智慧的程度，标志着理论的先进性和进取性，体验出实践的有效性和科学性，反映出制度的正确性和稳定性，预示着道路的方向性和前瞻性。

智库已经成为政府决策的重要支撑，成为国家治理能力、体系现代化的重要内容，成为国家软实力、综合实力的重要组成部分。对于中国出版业来说，智库建设、内容产业发展都是迫在眉睫的问题。但是，临渊羡鱼不如退而结网，磨刀不误砍柴工，大家把道理辨明白了，把路径想清楚了，把主意、见解和盘托出，高端共谋、融智聚慧自然会应声而来。让我们一起用理论和实践来积极回应党和政府的号召，把我们的组织建成出版行业最好、最有权威、最有效用的智囊智库。

10年前，比尔·盖茨邀请中国的一位部长到他的数字化、智能化的家中体验一天。其间，他们足不出户，但早餐是"在"东海岸共进，一边用餐，一边可以和海滩上散步的人们打招呼；中午看了纽约百老汇大街上一家著名的博物馆，还应比尔·盖茨夫人的请求，帮助鉴别了这家博物馆的镇馆之宝——一只乾隆皇帝用过的茶碗，"拿"在眼前观察，鉴别真伪。比尔·盖茨的庄园是一座现代概念下的家庭硅谷，当时有许多媒体报道，引人入胜，让人感叹。但在今天看来，这一切技术和"花招"已经不再稀罕。

2017年6月10日至9月10日，哈萨克斯坦承办世界博览会，国家主席习近平带领各国元首莅临上合展馆，随着上合信匙（钥匙）的启动，展馆新媒体空间的大幕徐徐展开，各位元首享受的是全景式沉浸体验。古往今来，互动对话合欢，天地互联互通，跨国文化交流尽显风骚。整个展馆虚拟均是与现实场景交融，多维度呈现出发展理念的深厚寓意与文化内涵，呈现出上合组织的国际视野、全球理念以及世界格局，让现场贵宾们感叹不已。

这种线上线下，互联互通，跨越时空，虚实并现，天地互动，被总设计师李一凡先生称为哲学意义上的生物场，体验情结的心理场，社会价值的认知场。完成感知、情境、心绪、穿越多重效应的综合尝试，应当是当今媒体融合的集大成者，成为数字化、信息化、现代化的标识尝试。这是中国出版人第一次将出版融合发展的至真、至美的完胜境界，第一次呈现在国际组织馆的设计中，被展现出来。

技术发展无止境，科技创新无止境，科学技术对出版行业的改造亦无止境。我们在观察当代科技发展的趋势时，不仅发现其内容将会对出版行业的发展产生深刻影响，而且这种趋势的捕捉、描述、追踪和发布也会对出版提出更多的要求和期待。

媒介融合的万花筒五光十色，让业界人士心潮澎湃，原来我们可以如此这般地服务社会。也让一些同行忧心忡忡，哪里是个边，什么时候是最后的度。中央召开的全国出版工作会议上，中央领导同志对出版业的融合发展阐述明确，提出很具体的要求，描绘出比较明确的发展框架。

国家总的判断：信息网络技术对出版业产生了革命性的影响，正在重塑出版发展格局。国家总的要求：推进融合发展是出版业当下的紧迫任务。具体操作：准确把握"数与网"时代出版业的发展方向，不断探索融合发展的模式路径，在整体推进中实现重点突破，做到一个内容多种创意，一种创意多次开发，一次开发多种产品，一种产品多个形态，走出一条"融出版"之路。

在整体框架布局中，出版业的发展大致有以下几个方面。

第一，推动出版内容数字化升级。利用数字技术实现优质内容资源的最大化传播。一方面是数字化内容呈现、创新内容表达、丰富呈现形式，善于运用信息技术和各种工具，打通传统出版内容从生产到阅读各链条之间的界限，打破不同终端间内容传播的壁垒，完善读者数字化阅读体验。另一方面是整合内容资源，通过网络把海量的内容资源有效地整合起来，成为网上图书馆、网上数据库，方便用户检索使用。同时深度挖掘内容的价值，提供更多专业化的数据检索和知识服务。另外，也是更重要的，开展"出版＋服务"，使出版社由过去单一提供内容向既提供内容又提供信息平台等各种服务转变。服务也是产品，甚至是信息时代最重要的产品。传统出版倡导的"藏之名山传诸后人"的理念要转变。过去的被动现在要变为主动，主动之后还有带动。大数据、云计算、人工智能、虚拟现实等技术的迅速发展，为出版业广用技术、善用技术，形成更多、更周到、更有效的服务提供了巨大空间。

第二，通过技术融合打造出版龙头企业。要善于把出版单位所拥有的传统内容、作者、品牌资源转化为融合发展的竞争优势，打造新业态领军者。要求传统出版企业树立前瞻意识，实现传统出版与先进技术的有效对接、优势互补。

第三，在政策支持、技术支撑、机制保障等方面，创造有利于融合发展的良好条件。要把出版融合作为一项战略任务，形成各部门、各单位的共识，切实加大支撑、支持力度。

融合出版的框架已经非常明晰地凸现出来，问题是我们如何在这个宏大框架上搭建出实用的知识服务大厦。我们也在讨论出版融合的基准、起点、重点、归宿点，作家格非的话会对我们有所启发。

前不久在北京大学的一次讲座上，知名作家格非以"重返时间的河流"为题目讲了他的感受和认识。他认为，技术、劳动分工、科学发展的确给我们带来了巨大、巨多的碎片化空间。他说，空间变化、空间加速的繁殖有很重要的意义，有重大的作用，让我们的生活更加便捷，让我们一生经历了很多的事情。但是，当我们沉醉于碎片化的空间时却常常忘记了时间。而时间都一直在那儿，它从来不停留。他认为，没有对时间的沉思，没有对意义的思考，所有空间性的事物不过是一堆绚丽的虚无，一堆绚丽的荒芜。如果我们不能够重新回到时间的河流中去，我们过度地迷恋这些空间碎片，我们每一件事、每一个人也将会成为这个河流中偶然性的风景，成为一个匆匆的过客。格非的演讲真的体现出一种难得的清醒。

出版事业何尝不是如此。中央出版工作会议再次明确了出版的"四大使命"和责任，出版融合空间的基准是传播真理、传承文明、教育人民、服务社会。中央明确内容第一，要求始终坚持把内容建设放在第一位，把高质量放在第一位，把多做好书放在第一位。以多出优秀作品为中心环节，把握正确的政治方向，把握正确的出版导向，着力加强内容建设，着力推进改革创新，着力完善出版服务和管理。出版行业的时间与空间就是要完美融合、化为一体。

让出版融合永远像南京大学的教学质量一样脚踏实地，一步一个脚印，真正趟出多条路子来，为出版业更好地服务社会开辟新境界。

专业出版社融合发展的方向与路径实践

◎ 知识产权出版社有限责任公司党委书记、董事长、总经理 诸敏刚

一、知识产权出版社有限责任公司创新发展之路"三部曲"

知识产权出版社有限责任公司发展历程分三个阶段。第一个阶段是成长期（1980—2007 年），主要是知识产权出版社有限责任公司在专业文献出版过程中做了创新——按需印刷，数字化按需印刷成为国家新闻出版广电总局公布的示范单位。第二个阶段是多元化发展阶段（2008—2014 年），知识产权出版社有限责任公司布局多元化发展，除了文献出版、图书期刊出版、按需印刷、数据加工外，主要加强在知识产权全产业链上的布局，包括在南京投资建成中高知识产权平台。知识产权出版社有限责任公司打造了"I 译 +"机器翻译平台，目前，这个平台和全国 40 多家大专院校、外语院系建立了关系，十几家单位已经使用了这一平台。此外，还有企业知识产

权管理平台等产品，举办中国专利信息年会（2017 年升级为中国专利年会）。第三个阶段（2015 年至今）是知识产权出版社有限责任公司做优做强阶段，这一阶段代表成果是专利文献、图书期刊出版、数据搜集加工管理、数字印刷等业务提质增效；知识产权全产业链服务等优势业务做优做强；知识产权投融资等创新业务不断拓展；"我也会发明"系列动漫产品、智能编排校系统、专利价值评估系统、高价值专利池挖掘培育系统等创新产品研发不断突破；中国专利信息年会升级为中国专利年会，已成为国际顶级品牌，中国专利年会于 2017 年 9 月初成功举办，8000 多人参会。

二、出版领域的创新之路

第一个是专利文献复合出版系统。根据国内外专利文献交流需要，专利文献出版从纸质出版到光盘到数据库再到网络出版。目前，纸质出版、电子出版、网络出版三者并举，满足国内外用户和机构的需求。我们具有强大的数据加工能力，尤其 OCR 加工能力是出版社独树一帜的创新产品，每天加工 5000 万字，差错率可控制在0.003%。

第二个是按需出版（印刷）示范工程。国际上最早开展按需出版是在 1998 年左右，知识产权出版社有限责任公司于 2004 年率先在国内开展了按需出版。2011 年，知识产权出版社有限责任公司成为国家新闻出版广电总局按需出版示范工程基地。经过几年的发展，目前，已经增加了一条喷墨生产线，1500 册以下的图书都适合使用这条生产线，无论是成本还是质量都能得到保证。

第三个是自助出版平台——来出书。作者、读者参与度更高，系统透明度高，使作者能够全方位参与、把握出版的全流程，体验更加充分，应该说来出书是国家新闻出版广电总局数字化转型升级与融合发展过程中建立的品牌，知识产权出版社有限责任公司一直在坚持推动。

第四个是零库存数字出版系统。这是 2016 年开始开展的，这个系统有三个部分构成。一是创客 IP；二是智能编排校系统；三是按需出版。第一个环节是创客 IP，创客们可以在创客 IP 平台上工作，也可将创意和构思放在系统里面，系统利用 CA 认证和时间戳技术，将构思、数据、作品原汁原味地保存下来，一旦有侵权系统可以提供侵权证据，目前为止两个案件已经认可了创客 IP 系统电子保全的证据，一个是国家知识产权局专利复审委员会的判决，利用此证据判定某项专利无效；上海的某法院最近作出一个判决，同样是利用了创客 IP 出示的电子保全证据，司法上予以认可。第二个环节是智能编排校系统，我们给它取名 Editor Go，这个系统有六大功能。①开放式知识库，通过 30 多年专利文献出版形成的一个庞大知识库，可智能定位敏感词、错词、错字并修改。②电子化折校辅以智能化校对。原稿文件与排版文件中文字一一对应，实现可视化修改，很直观、很方便地完成折校。③多数据格式输入与输出。支持国际标准化的多种文件格式，可以满足标准化需求和个性化需求。④原稿留痕。编校中的所有修改在原稿上都有留痕，便于编辑与作者互动。⑤自动排版。编辑、作者可根据书稿选择一般版式进行自动排版。这个系统提供一键式排版，可选择自己喜欢的格式，32 开、16 开一键搞定。⑥管理精细化、统计精准化。每一个审次的工作都易于后台管理，工作量都易于精确统计。现在这个系统第一阶段已经完成，纯文字图书的编排校完全可以使用，带有图表、符号、公式等内容比较复杂的图书出版我们正在继续开发，预计 2018 年下半年面世。第三个环节是按需出版，图书可以呈现四种方式：①可以直接以电子书形式呈现；②可以进入网络阅读；③数字化出版印刷；④传统出版印刷。

三、知识产权领域的创新发展之路

除了出版领域，在知识产权领域我们也走了一条创新发展之路。第一个是数据加工业务提质增效；第二个是知识产权全产业链服务做优做强；第三个是知识产权投融资不断拓展；第四个是中国专利年会成为国际顶级品牌。

（1）数据加工业务提质增效。通过技术创新，知识产权出版社有限责任公司已经和美国化学文摘社（CAS）签署第一期价值 1200 万元的数据加工服务项目，我们为对方提供数据预处理、筛选、初加工和深加工的全流程定制化解决方案。

（2）知识产权全产业链服务做优做强。知识产权出版社有限责任公司围绕知识产权大数据建立了 10 多个平台。其中，中国知识产权大数据智慧服务系统是目前国内知识产权领域最权威的数据服务平台，所含数据囊括专利、商标、版权等知识产权领域；除了国内的数据外，还含有国外 113 个国家的数据。另外，我们正全力研发高价值专业池挖掘培育系统，对创新发展来讲高价值专利是核心。如何从海量的专利中挖掘出高价值专利，我们正在这方面做大量工作，希望以此为地方政府决策提供帮助。

（3）知识产权投融资不断拓展。通过我们的高价值专利挖掘系统对有效专利进行大范围搜索和定位，然后人工加以甄别，选出有投资价值的专利技术，知识产权出版社有限责任公司参与投资。目前，知识产权出版社有限责任公司投资了几个项目，其中一个上了新三板。知识产权出版社有限责任公司有 11 家全资子公司，3 家参股公司，部分参股公司已经实现了分红。

（4）中国专利年会成为国际顶级品牌。年会已经办了八届，之前为"中国专利信息年会"，2017 年升级为"中国专利年会"，2017 年共 8000 多人参会，500 多国外嘉宾，主会场达到 3000 多人的规模。

聚力"四化"建设，实现融合发展

◎ 大地出版传媒集团党委书记、社长　顾晓华

党的十八大提出要扎实推进社会主义文化建设，将文化产业发展作为支柱性产业上升到国家战略。媒体融合取得新突破，国家将其列为传统出版与新型出版融合项目。文化特性就是要求跨界经营与创新，尤其在"互联网＋"和"文化＋"方面，新的经济大潮下，以优质 IP 为重心，大文化日益突显；多家影视机构、动漫公司成为数字出版基础的推动商。在上述背景下，地质出版社坚持大文化、大出版、全产业发展的理念，积极探索，不断创新，在走集团化发展道路上提出了"'四化'转型战略"。

一、构建数字化知识链管理体系，推进内容为王的知识化建设

随着大数据、人工智能等智能技术的兴起，很多技术创新带来商业模式的变革。

专业出版社向知识服务转型现已成为大趋势，地质出版社重点从两个方面推进。一个是线上知识化建设方面推进地质专业向数字出版、数据出版迭代，建设并完善了中国国土地质数字图书馆，以国土资源库、地质资源库为代表的知识库集群，研发并推广国土悦读移动知识服务平台等，实现了知识化、原始化数据积累，提升了知识资源服务能力。

另一个是在线下以大地书院为依托，把体验空间这种模式复制到国土资源系统，目前已经建立大地书屋和图书角658家，推动了纸质化服务，正在建立大地书院线上体验空间，提供个性化服务。另外，地质出版社将以宇宙与生命进化为主题，在3个地方与政府签订合作协议，建设国内首个地球科学科普特色小镇和文化产业园。

二、实施 IP 为导向的供给侧结构性改革，推进创意为核心的 IP 化建设

2015年11月，习近平总书记首次提及供给侧结构性改革。国家"十三五"规划纲要要求："以供给侧结构性改革为主线，扩大有效供给，满足有效需求，加快形成引领经济发展新常态的体制机制和发展方式。"实施供给侧结构性改革成为我国"十三五"时期重要的经济发展战略和宏观调控的内容。

IP 即知识产权，是伴随着互联网公司的生态圈发展起来的，自2013年传媒界首次提出后，发展速度之迅猛，创造利润之高，吸金能力之强，博得了整个出版界的眼球，发展至今俨然已经成为出版业发展的新走向。

地质出版社以"IP"打造为产业链经营核心，在"知识化内容＋创意版权＋互联网技术＋传播渠道科技"供给侧链条上，创意点的培育和发力，努力形成创意经济和媒体经济的有效融合。2016年，地质出版社作为出版机构投拍的4D特效电影《会飞的恐龙》，获得第五届中国科技特效电影展"最受观众欢迎奖"，在出版产业链IP化的道路上迈出了关键性一步，取得了良好的社会效益。IP化建设要做到"四个坚持"：坚持国土资源科普知识化为根本，坚持互联网传播策略和传播效果实践，坚持对既有经典内容资源进行深度"打包"开发，坚持主动适应传播媒介新规则。

三、打造"内容推送＋嵌入式体验"互动模式，推进分享服务为宗旨的平台化建设

地质出版社将面向国土地质专业领域不同消费群体，全面打造地质、地理等科普教育平台，采取"1＋N"模式，依靠国家级国土资源基地等行业特色资源，建立科普产业联盟，组织以"地质考察和科学实验"为主题的研学游科普知识服务，地质出版社将着力构建专业权威的中国地质资源知识大数据互联网平台，同时采用数据控

制共享，对接中国地质调查局等科研机构以及科研院所的国土地质大数据资源，构建好国土悦读移动知识服务平台、土地督察移动知识服务平台等移动互联网服务平台，打造高端的地质信息服务平台。

四、发力"出版+"，推进资源聚集为业态的产业化建设

中央全面深化改革领导小组第四次会议审议通过的《关于推动传统媒体和新兴媒体融合发展的指导意见》，正式将媒介融合作为国家层面对媒介发展趋势的战略布局。媒介融合不仅丰富了推送渠道，也改变了受众群体的获取需求和阅读方式。

打造"出版+基金"融合。设立出版基金平台，推动开放式核心作者团队和知名学术编辑队伍建设，用于精品内容出版资助和重大图书项目的扶持，立足选题源头，优化出版资源，提高知识化内容集聚水平。

打造"出版+公益"融合。以地球科学、地质、珠宝科普专业内容为主，谋划全媒体化、立体运营的科普与欣赏的"地质中国"公益性活动，带动国石网发展成为中国观赏石行业第一的文化鉴赏和电子交易平台，构建以国石鉴定为平台的中国观赏石行业领先的鉴定与评估体系，完成我国最具权威性的观赏石专家库建设工作；引入鉴评、拍卖、金融机构，全新塑造中国观赏石交易体系和标准体系，推动知识化内容数据库完善。

打造"出版+科普园区"融合。加快推进科普产业园落地，探索出版与资本对接，以国土资源系统优势为支撑，以文化创意、智慧设计为主要投入，全力推动项目开展。打造集纸质图书、数字平台、人机互动、衍生产品、IP开发、嵌入式体验于一体的科普大教室、主题公园等体验产业园区，带动并引导主题类动漫、影视、游乐甚至主题地产的相关发展。

实现多产业资源集聚发展。抢抓中央大力发展混合所有制经济和国家"一带一路"倡议深化落地的机遇，参与经营国土资源、地质矿产、测绘测量、鉴定评估等业务的多种所有制形式平台经营，发展一批国内国土信息化和地质安全领域地质科技、地质灾害防治咨询服务的领军企业；扩大与"一带一路"沿线国家的出版产品和版权贸易合作，推进海外出版链条实体布局和国际市场资源配置，打造中国地质文化窗口平台，实现多产业资源集聚发展。

总之，专业出版"四化"中，知识化是灵魂，是"四化"的基石，动摇、弱化知识化的盲目跟风和短视发展无异于舍本逐末、饮鸩止渴，所以必须要坚持知识化战略发展定力。知识化建设是打造IP化的基础，是创意迸发的源泉和原动力，没有知识化，IP化就是无水之源、无本之木。以IP化"创意版权"开发和"互联网技术+传播渠道科技"的传播实践为驱动的供给侧改革是知识化的凝练与再提升，使知识内容更加匹配消费者需求，从而实现从出版图书向提供产品的转变。平台化为知识

化、IP化的链生共铸提供了手段，平台化的体验为IP化的发展提供了运作和实践平台，"内容推送＋嵌入式体验"的线上线下互动分享模式实现了平台化对知识化和IP化的双边交叉补偿功能，推动了知识化与IP化的良性互动发展。产业化是平台嫁接经济下资源集聚新业态，是平台化发展的更高层次形态，"出版＋"融合产业化的良性推动将反哺知识化、IP化和平台化，实现"四化"交融健康发展。

打造一流的专业出版传媒新航母，要坚持文化自信，拥抱科技创新，树立IP思维和改革意识，提升平台价值，把握产业发展规律，以国际化的眼光、全球化的视野和海纳百川的广阔胸怀推进和深化产业融合发展，为文化强国战略的实施推进作出重要贡献。

资本助力数字出版行业发展

◎ 北京聚能鼎力科技股份有限公司 CEO　李海川

　　以前一直认为，只要产品做得好，市场一定没有问题。后来发现在新闻出版领域或者内容产业，内容是长航道项目，需要长期经营，所以必须要有长线资金支持产品研发，仅靠企业自有资金会出现问题。如何建立自己的金融模型，可借鉴三角体系：股权融资、政府补贴以及银行贷款。

　　北京聚能鼎力科技股份有限公司从事数字出版工作已经8年多，已经是新三板创新层企业，总结出五类融资方式可以使用：第一类是针对新三板股权增发；第二类是信用贷款；第三类是抵押担保；第四类是发行债券；第五类是政府资金资助。股权融资比较清楚，不是所有的钱都叫资本，不是所有投资人都可以称为股东。出版行业不仅缺钱，更主要还有航道资源和投后资源，在股东选择上一定要对本行业有帮助，对自身行业航道有帮助，对产业发展有帮助。例如，腾讯投资北京聚能鼎力科技股份有限公司后，送公司员工去清华大学和腾讯合办的人工智能学院学习，提升员工素养；

和浙江卫视联合投入 2 亿多元做《我是创始人》节目，培养创始人 IP，同时把虚实结合、跨界创始人资源联系在一起。这是腾讯在投资后给我们带来的两点启示。

债权融资。这里主要是双创债，各个银行都在支持主流的行业，特点就是资金成本比较低，可以减少股权稀释的速度。

政府补贴。只有与国家航道一致，才有可能获取政府补贴资金。政府通过资金引导企业发展方向，这是补贴资金的价值，也是对行业的认可。低头拉车还要抬头看路，我们要关注国家政策对细分行业的影响。

在中国人工智能 2.0 战略之下，中国智能基础设施对于文化和内容赋予了全新的内涵。阅读空间 1.0 是新华书店，2.0 就是阅读咖啡，3.0 是诚品模式，这些能够满足中国市场。但这一代孩子到底需要什么样的东西，我们未来的生活需要用什么样的内容去填充，这是我们需要思考的阅读空间，也是多个产业集群融合的目的。

关于阅读和内容主要体现在以下几个方面。第一，节约时间、提高学习效能是最重要的问题，即用人工智能和工具提升大家和小孩学习效率的问题。第二，除了传统的课本知识和传统的模块文化，全球在一个赛道之上跨越体系连接是靠乐高机器人，其中包括航天机器人训练，这是属于今天的小孩与全球发展同步的东西。第三，重新定义阅读，除了 AI 教育，重构产品阅读逻辑，让人脑思维和云、量化计算思维在一个平面上。重新定义阅读内容，以及人和物理空间、网络空间之间的关联关系。

新出版业态呼唤新闻出版智库有更敏锐的问题意识

——从出版机构的视角

◎ 浙江大学出版社总编辑　袁亚春

出版企业目前在发展中有哪些问题呢？有很多，我认为其中最突出的有两个：一是融合创新路径和模式问题，二是出版队伍结构和水平如何适应新需求的问题。

一、出版融合创新路径和模式问题

大学出版社承载着为高校培养人才、进行科学研究、开展文化传承创新和国际交流服务的使命。移动互联网时代的到来，知识传播与知识获取方式发生颠覆性改变，大学出版社的组织方式遇到了新的挑战，也呈现出新的机会。

1. 从大学教材出版角度看大学出版

首先，深入推动信息技术与教育教学内容和模式创新之间的融合，"互联网＋教育"已成为趋势。

其次，国家越来越重视大学教材建设，尤其重视哲学社会科学教材建设，已设立国家教材委员会，要求教材内容体现国家人才培养的总体要求，体现培养人才的方向。那么，如何将这种新要求融入教育信息化所带来的教学模式创新中便成为一个需要解决的课题。

再次，国家推进"双一流"大学建设，对人才培养模式提出新要求，例如如何将第一、第二、第三、第四课堂结合起来，联动培养；如何整合培养模式、拓展培养空间等，这又给教材开发出版提出了新课题。具体模式可参照浙江大学"双一流"人才培养行动计划（见图1）。

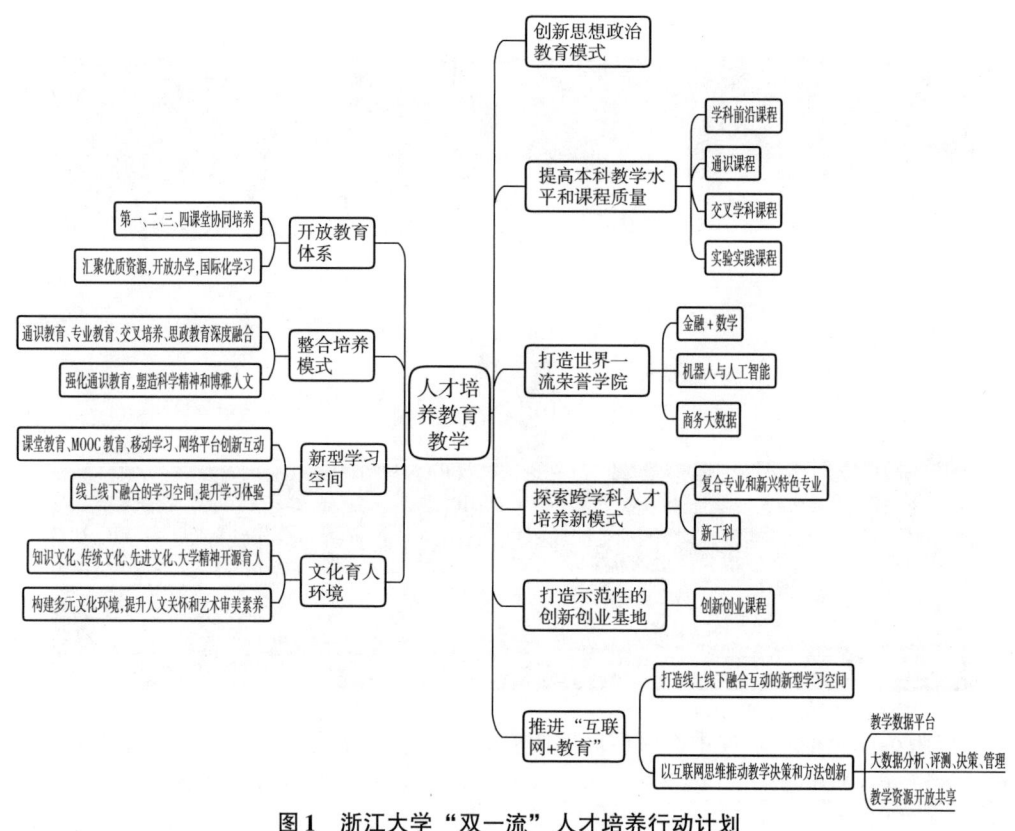

图1　浙江大学"双一流"人才培养行动计划

最后，国家新闻出版广电总局持续推动传统媒体与新兴媒体融合发展，其中在教育出版的一个重点，就是"在教育出版领域，支持出版单位开发数字教育内容资源产品、课程体系和服务平台，推出一批服务于教育领域的整体解决方案"。那么，所谓"整体解决方案"怎么给出呢？

浙江大学出版社最近几年一直在实践当中探索，目前推出叫"立方书"的教材产品，其理念是"一本书带动一堂课"，书中有大量的二维码，老师和学生之间能够在线互动。新的理念结合进去，这样的教材将会受到广大师生的欢迎。2017年浙江大学出版社和浙江省教材建设委员会合作，推动新形态教材受到肯定。当然，我们还没有真正把这些教材进行量产。怎样把市场和技术与出版结合起来，整体解决方案亟待智库专家提出指导意见，单个出版单位做起来非常困难。

可见，从教育出版来看，加快推进教材形态创新，开展教材和教育教学深度融合服务，服务高校人才培养体系和新型学习空间建设，已成为国家数字出版产业化应用服务示范工程的重点，但大多数出版社对此准备不够，吃得不透，底气不足，解决方案缺乏。新闻出版智库如果能从这些问题入手，为出版单位提供智力支持和示范，将十分有益于出版产业转型升级。

2. 从服务于科学研究的学术出版角度看

首先，我国是学术出版大国，但不是强国，尤其在学术期刊方面，全球学术出版的领跑者是施普林格、爱思唯尔、威立、里德等，我国大多数学术论文、优秀的学术著作产出都在这些数据库厂商中。原因在于这些出版商很好地解决了为谁出版、为谁办刊的问题，也就是市场问题。而我们为谁出版、为谁办刊问题始终没有解决，学术出版的"市场"始终不凸显，出版单位该如何突破？

其次，学术出版逐步从传统走向数字，施普林格等出版集团纸质学术图书已率先实行数码按需印制，爱思唯尔已提出第四代、第五代学术论文形态，而我们的学术出版还基本停留在纸质出版水平上。剑桥大学出版社有专门的学术出版平台，将300余种专业学术期刊和几万册学术著作全部做成数字化产品，通过数字化方式提供服务。我国大学出版社，甚至一些专业出版社都没有办法"有效率"地走出一条数字化学术服务的路子。有些产品只有个别亮点，还没有形成综合亮点。问题到底出在哪里？我们该如何真正跟进数字化学术服务这个趋势？

最后，《国家新闻出版广播影视"十三五"发展规划》中提出推进两大工程："国家学术出版工程"——依托专业出版机构，培育若干家国家学术出版中心，建设3~5个国家学术出版基地。搭建国家学术出版网络平台，实施国家学术出版奖励计划，健全学术出版评价机制，提高学术出版质量。"国家知识资源数据库工程"——建立国家知识资源服务中心，研发关键技术，研制相关标准、规范，建设国家知识服务平台及其数据、营运、技术支撑中心。支持新闻出版企业建设专业领域的知识资源数据库、服务平台。创新信息内容服务模式，提供知识服务解决方案。

可见，大学出版社的实际能力与国家要推进的这两大工程的要求相距甚远。大学出版社应该深入对接高校学科发展，开展学术出版服务前移，及时跟进学科建设，探索建立学术出版基地，真正成为学校学术影响力出版传播窗口，成为国家新闻出版广电总局推进国家学术出版工程较有影响力的基地和国家学术出版网络平台。

3. 从服务优秀传统文化传承创新角度看

习近平总书记《在文艺工作座谈会上的讲话》中指出："文艺工作者要讲好中国

故事、传播好中国声音、阐发中国精神、展现中国风貌，让外国民众通过欣赏中国作家、艺术家的作品来深化对中国的认识、增进对中国的了解。要向世界宣传、推介我国优秀文化艺术，让国外民众在审美过程中感受魅力，加深对中华文化的认识和理解。"

中共中央办公厅、国务院办公厅印发的《关于实施中华优秀传统文化传承发展工程的意见》中提出：深入阐发文化精髓、贯穿国民教育始终、保护传承文化遗产、加大宣传教育力度、推动中外文化交流互鉴等。

对此，出版社包括高校出版社责无旁贷，传播优秀文化既是责任，也是机遇。优秀传统文化需要"创造性转化""创新性发展"，表明优秀传统文化出版不能只满足于以往的整理翻印、简单解读，而是要着眼于怎么创造，怎么创新，怎么进行数字化转型？这也许是需要未来重点突破的，问题是在资源约束的环境下，出版单位怎么来实现突破呢？这就是第一大难题，出版融合创新问题，亟待新闻出版智库能为出版企业把脉，提出可行的解决方案。

二、出版队伍结构与水平如何适应新需求的问题

人力资源问题关乎一个行业未来发展的动力，而出版行业这个问题比较突出。

1. 从人力资源存量上看，结构不尽合理

出版是创意产业，男女都能找到发挥作用的舞台。目前存在一种现象，出版业的男女职工比不平衡，保守估计约为4∶6，个别出版社甚至达3∶7。当然我们不是性别歧视，这个比例不一定就不好，但作为一种现象，还是需要研究其成因，并尽力提供合理地发挥男女员工各自优势的环境。

传统、新型人才比，全行业约9∶1。这样的人才结构环境下，要谈出版从传统到现代转型，谈何容易？值得智库专家们深入研究。

职业编辑、专业编辑比（对于学术出版社而言，就是文字加工编辑、学术编辑之比），大学出版社应该差不多是5∶5，也就是说，50%的编辑只能做案头文字加工，而学科专业背景相符、具备学术选题策划能力者只有50%。

2. 从人才增量上看，高层次人才流入不够

有高学历、高职称、高影响力、高收入要求的求职者不多，应届硕士毕业生居多。

3. 从人才流动趋向来看，存在一定程度逆淘汰的现象

除了一大批热爱出版、热爱岗位的从业人员外，有些从业者毕业后在出版单位被培养两三年，拿到职业资格，开始体现出一定的工作能力，就会对外界充满想象，受外界高收入等因素吸引，选择二次就业、三次就业。相对而言，某些能力一般甚至平庸的职员，则不太有意向离开出版岗位，表现得超级稳定。

4. 从优秀人才的生成机制来看，体制内出版单位有诸多局限

名家生成环境不成熟，不利于有个性、有才华的出版人发挥作用，名编辑、名出版人很难产生。

对于这些管理问题、行业问题、市场问题，出版单位很难凭一己之力很好地解决，新闻出版智库若能深入调研，提出建设性意见和方案，将是非常有意义的。

知识服务以品质为根基

——新闻出版应用质量标准初探

◎ 北京云测信息技术有限公司总裁　徐　琨

　　内容产业大致有三个维度，分别是传递信息、传播知识、最终给人类带来智慧。内容产业正在发生一些变化，传递信息最快的传统报纸正在逐渐变成夕阳产业，而今日头条却估值超过 100 多亿美元，新媒介和旧媒介之间的地位正在发生改变。以凯叔讲故事为例，做的是给孩子讲故事的一个 App，公司 2016 年只有 20 人，2017 年已经有 100 多人，公司办公面积 500 多平方米，每月流水从 2016 年 100 万元到目前的几千万元，我们由此可以发现新型物种成长速度是远远超过想象的，为什么呢？我认为很大程度在于手机已经成为人们生活中的一部分，大家都能看到周围很多人无时无刻不在用手机，手机不再是工具，而是人类身体的延伸，基于这样的情况，所有的业态都在发生改变。

知识付费基本始于 2015 年，然后出现各种移动应用提供付费产品，2017 年知识付费成为一个新热点。目前，在移动互联网时代，领先的是一群门外的"野蛮人"。

回顾历史，在十几年前电子音乐经历过同样的变化，五大唱片公司本来垄断了整个唱片业，而网民却开始不断去互联网上传播音乐，然后乔布斯做了 iPod，音乐实现了电子化、正版化，五大唱片公司反过来成为苹果公司的内容提供商，唱片行业规模缩小了，但是音乐产业更大了，行业迭代与更新会不断发生。

我们再看看正在逝去的过去，从上游到下游，现在出版商在这里可以是 App，也可以是移动应用上的微信公众号，任何一个形式都可以，公众号里比如说"凯叔讲故事"，关注者都有几百万人，但公众号转化率不够，需要通过 App 获得更多的信息内容，并用户进行紧密的交互。

问题来了，如果说出版机构需要转型升级、融合发展，做一个个的 App 是不是能解决所有问题呢？我们看到可怕的数据，97% 以上的出版应用 App 都存在各种各样的问题，例如功能不完整、业务逻辑不通、使用反应慢等。内容是通过 App 到达用户的，用户会因为感觉体验不好第一时间抛弃你的产品。这是为什么呢？2016 年 ISO 出过一个应用标准，希望从业者能根据这个标准去做应用，这个标准用几句话来说就是首先要保证能用，然后要保证好用、易用和安全，最后还要解决兼容性问题，保证所有手机都可以使用你的 App，满足一系列标准。我们认为只有合格的 App，才有资格推向市场，否则 App 发布的那天就已经注定失败了。

开发者如何能做到呢，需要进行怎样的测试？事实上绝大部分开发商开发 App 时做的测试叫冒烟测试，冒烟测试就是拿到一个应用，随机地使用，看是不是功能正常，这种测试只完成了实际测试工作中的九牛一毛，这就是市面上充斥着大量低质量 App 的原因。

要使 App 真正保证质量达到标准，需要哪些内容的测试呢？需要做压力测试、负载测试、并发测试、安全渗透等，最终还要做一致性的检验，做完这一切测试才能够保证应用是达标的。

所以，作为移动互联网从业人员，我认为出版业应用本身需要更好的测试服务，需要标准化且行之有效的质量标准。Testin 云测从 2011—2017 年 7 年时间里，已完成 1.8 亿次测试，测试了 200 多万个 App。基于这些测试，发现测试流程比我们想象得要多很多，经过多次测试后，我们发现测试是有方法的，可以实现合格的质量曲线。App 上线前经过多轮测试，而不是一次可以完成的，从排查、验证、健壮、验收，我们的应用质量曲线上升，缺陷数不断下降。

云测希望和出版界朋友一起迈入新的时代。

知识服务转型下出版行业网络安全与数据安全解读

◎ 北京昆仑联通科技发展股份有限公司副总裁 严 强

近年来中国经济发展迅速，各行各业取得了诸多发展和成就，"厉害了我的国"已成为网络热门关键词。在互联网领域，我国已经达到国际前沿水平，网民数量超过7.5 亿人，占全球网民数量的 1/5，网络普及率达到 50% 以上，特别是手机网民占比超过了 90%。中国正逐渐成为互联网和移动互联网大国。

随着科技的飞速发展，互联网已不再局限于技术领域，网络所提供的发展便利，已经影响到政治、经济、社会的方方面面。2016 年企业信息安全问题对全球经济造成了高达 4450 亿美元的损失，2017 年上半年也爆发了两次严重的安全事件：2017 年5 月，勒索病毒感染全球 100 多个国家超过 10 亿台电脑，应用系统和数据文件都被加密，导致企业无法开展正常业务；2017 年 6 月 27 日晚，黑客通过病毒远程锁定设备，向企业索要赎金，这次有预谋的黑客攻击控制了乌克兰 50% 的公司长达三个月之久。在全球互联网的大背景下，网络空间正在成为国家安全的新阵地。

我国对网络安全非常重视。近年来，国家陆续颁布了多项法律条款。网络安全法、大数据产业规划等文件的发布，标志着网络安全建设规范化进程步伐持续加速，大数据安全时代马上就要到来。国家多次强调没有网络安全就没有国家安全的重要论断，表明了我国对网络安全的重视已经达到了前所未有的高度。

新闻出版行业必须重视网络安全问题。相对于中国日益增长的经济实力，我国并没有形成与大国相匹配的决策和文化影响力，西方大国长期把持着媒体话语权，我国新闻出版业正在成为保障国家文化安全与互联网安全的主要阵地。另外，全球经济融合，世界各国都在关注中国的科技与经济发展，了解中国最新技术、应用场景和商业模式。因此，国家发布《新闻出版广播影视"十三五"发展规划》，要求加强文化信息安全建设，建立健全网络与信息安全保障体系，基于内容管控、日常运营、系统建设、业务管理等方面的新闻出版广播影视网络与信息安全需求，建立健全安全保障机制，构建适应新技术发展的立体化信息安全防护体系。

随着国家"互联网＋"战略的实施，传统出版行业经过不断调整，积极运用自身优势，完成了连接传统出版与数字出版信息库的建设，大量结构化和非结构化数据的传输、存储、交换涉及数据安全问题，如果不采取相应的安全措施，一旦发生安全事件将造成不可弥补的损失。

我们所面临的网络威胁有：第一，漏洞攻击。由于网络漏洞和安全缺陷，病毒程序在网络上大肆传播、破坏，对用户进行勒索，影响巨大。第二，恶意攻击、恶意代码，常表现为伪造信息数据，导致终端无法正常工作。第三，人为的非合规操作，员工有意无意下载携带病毒的程序，造成机器感染。

那么我们应该如何应对？第一，要高筑城墙，构建完整的安全架构体系，制定安全策略，在企业合规要求上控制安全软件下载渠道，保证软件的安全可靠，防止危险；第二，定期加固、防范无时无处不在的漏洞攻击，企业 IT 人员必须了解前端软件的分布情况并制定补丁升级策略，阻止恶意软件带来的危害；第三，随时监控，防御恶意攻击，我们不仅要具备安全应急响应能力，做到可以封死出现的恶意攻击，还要有能力使用工具感知和分析攻击，了解它是什么，来自哪里，以便后续找到相应的解决方案。

网络攻击和数据安全事件随时都可能发生，但我们做好应对策略就可以减少它所带来的危害。作为新三板上市公司，昆仑联通打造了完整的网络信息安全体系，希望利用在网络接入层、应用数据层、运维管理层、容灾备份及云端的安全解决方案，为我们数字出版行业信息化建设保驾护航！

动态安全助力出版业数字化转型

◎ 瑞数信息技术（上海）有限公司首席战略官　马蔚彦

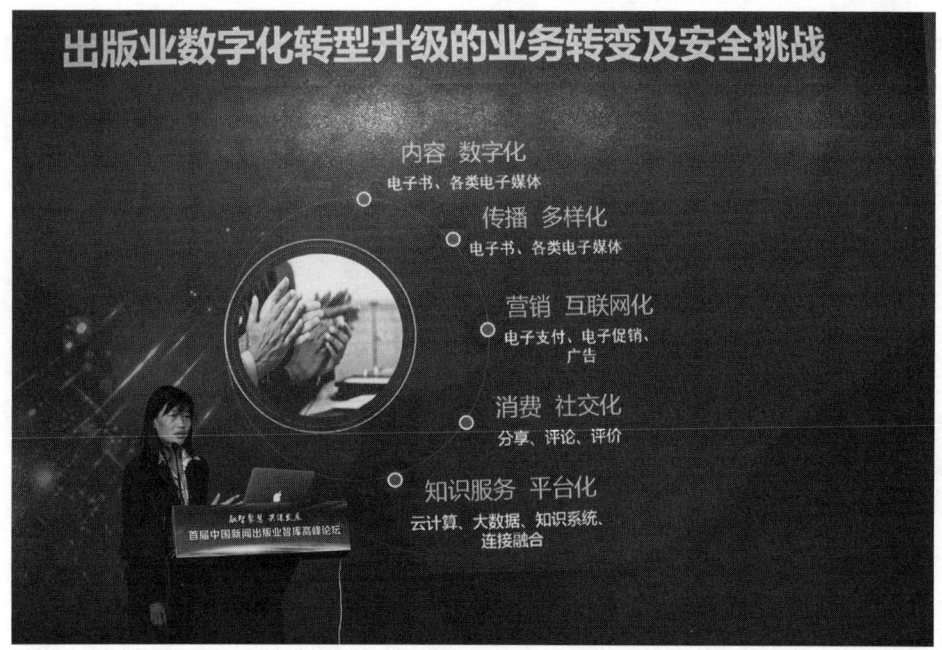

在出版行业的数字化转型过程中，传播途径不断多样化，很多互联网技术被广泛应用。一方面，网上购物、电子支付的出现转变了出版业的传统营销策略；另一方面，电子图书等数字出版物的获取和消费方式也更加多元，使得与读者更多地进行互动与分享成为可能。相信在未来，利用新的云计算、大数据技术、平台化概念对知识和内容进行运营的趋势将会越来越鲜明。

从运营角度看，在数字化进程中，越来越多的数字资源集中在平台上和行业内，企业所面临的最核心的问题就是如何将这些数字资源更有效、更安全地运营。实际上，我们不应局限在出版行业内部讨论这个问题，因为随着新型媒体的出现，甚至互联网行业也跨入了内容行业，跨业性已经成为数字化之后的另一个显著特征。

从 IT 安全角度看，相较于传统传媒行业，互联网公司更早面临着互联网威胁，在如何应对方面也更有经验。出版业想要做好信息安全工作，借助互联网公司的防护经验往往更为有效，同时思考以下问题：转型之后的 IT 系统手段能够应对这些互联网安全威胁吗？新的威胁是什么？又有什么新的手段进行防护？

首先，我们应当明确新的威胁"是什么"。互联网化进程中的新威胁所共有的一个最大特点是安全问题与业务共生。许多业务在提供给正常用户使用的同时，也给了黑客可乘之机。例如，如今不仅是出版业，各个行业的网上应用和手机 App 上都一定会提供用户注册和登录的入口。攻击者借此机会恶意注册，并通过工具模拟登录方式来获取合法账号进行非法操作，这一被称作"撞库"的行为极大地威胁着用户的账户安全。再如数据服务方面，黑客利用爬虫工具，大规模爬取电子出版物相关的数据内容并非难事，不仅造成出版社重要数据资产的丢失，还会给应用系统运行造成巨大压力。值得注意的是，大量数据被爬取实际上相当于第三方的盗取行为，具有知识产权的内容被盗取并存在二次被利用的风险，对出版企业的影响不言而喻。另外，伴随出版行业与电商行业的跨业融合，虚假交易、交易篡改、营销资源被抢占等恶意攻击也正层出不穷。

其次，这些威胁"为什么"被称作新威胁？一是因为它们是在出版业数字化转型过程中出现的，在传统出版业中并不存在。二是因为它们具有新的特点：过去认为信息安全问题一定是由于系统存在漏洞，然而如今出现的更多安全威胁并非基于系统漏洞，而是黑客利用业务漏洞（比如业务上的逻辑问题），这是第一个新特点；第二个新特点是攻击方式升级，攻击者多利用自动化工具或程序模拟正常的业务操作，高效率、大规模地获取数据或破坏业务，上文提到的爬虫就是典型代表；第三个新特点是各类新型攻击手段和工具拥有绕过现有安全防护的能力，传统的被动防御面临窘境。

于是，问题来到了"怎么办"。如果将现有的安全防护模式理解成在系统前设置防护的一面盾或一块挡板，如防火墙、IDS、身份认证等措施则都是此类防护手段。这些传统手段通常是在攻击已经发生的情况下，结合规则进行防护，当面对不断升级的攻击形式和手法，企业只能被动且滞后地调整防护规则，负担巨大却永远慢攻击者一步。动态安全技术正是想改变这种现状。动态理念是什么？就是在新的安全攻击发生前，或在发生时进行识别或拦截，变被动为主动的防御。

具体来说，动态安全防御系统放在客户端与 App、Web 应用服务器之间，用户在进行业务浏览访问、登录操作时，系统就会通过一系列动态技术，让每一次访问服务器后返回给客户端的内容产生动态变化，使得攻击者无法找到漏洞攻击入口。同时，也会验证浏览器客户端环境，通过鼠标移动轨迹、页面停留时间等进行人机识别，判别访问请求是由正常用户使用浏览器发起的还是利用工具来进行的。另外，用户提交到服务器的内容也会被动态地混淆变化，以预防该过程中的篡改和中间人攻击。动态安全防御全过程对用户透明，用户无感知，Web 应用无需修改，正常的业务访问也不受影响。

最后，在实际场景中，动态安全技术"怎么样"。据了解，企业最常遇到的信息安全问题就是漏洞问题。安全管理人员不断奔波于找漏洞与打补丁之间，维护工作极为繁杂。那么，有没有更聪明的方法来应对安全漏洞问题？动态技术的解决方案就是让外围无法发现应用内部的漏洞，无法找到可以进一步攻击的入口，这既为打补丁争取了时间，又保障了补丁未打期间的网站安全。

撞库造成的账户安全问题也应当重视。如今互联网应用种类繁多，每个人在各种网站和应用上都要注册登录，攻击者就利用自动化工具，在登录入口批量模拟登录操作，不断试错后总能成功。同时，用户"一套账户密码应用于多个业务系统"的习惯及网上泛滥的免费用户名密码库，都大大降低了攻击的难度。攻击者一旦利用正常用户的账号登录成功，就会被认作是系统正常的使用者，其不再受控的操作行为对安全防御而言是个很大的挑战。那么，传统安全是如何应对撞库的呢？一是运用验证码识别自动化工具，例如短信验证码、图形验证码等，但是国内打码平台的出现及使用已经使得它的防护效果大打折扣。二是封 IP，过去的异常情况可以通过一个高频率访问的 IP 地址来侦测，但现在许多撞库都具有高度的隐蔽性，黑客低价租用多个 IP 地址，就能够分布式地、低频率地进行攻击，封 IP 的防护手段显然已经难以完全奏效。而动态安全技术则与以上防护手段完全不同，因此，可以有效解决面临的账户安全问题。

目前，只要数据资源公开在互联网上，就存在被爬虫毫不费力地爬取的可能，这些批量爬取的数据信息会被二次分析或加工并最终成为对外的有偿性服务。这不仅增加企业、用户信息外泄和被利用的风险，还扰乱行业内部的竞争环境，更不用说对于知识与数字信息为核心的出版业造成的损失和影响了。除此之外，我们的实际客户还曾由于遭到批量的爬虫攻击，服务器资源被大量占用，网站无法正常提供服务，影响了用户的使用。动态技术正是用于解决这些不断升级变化的爬虫的挑战的。

除上述防漏洞、防撞库、防爬虫外，动态安全技术还可以在数字出版业的更多业务场景中提供全面、高效的防护，解决 Web 应用的漏洞隐藏问题，保护身份及业务安全、数据安全。顺应跨行业融合的趋势，出版业的数字化转型和升级应当结合行业内外的联合力量，而创新的动态安全技术正可以为出版业数字化转型出一份力！

人工智能与大数据的技术趋势

◎ 微软中国有限公司首席技术官　韦　青

　　巨大的变革即将来临，但是大多数人并没有真正意识到我们将面临什么，有人说这是第四次工业革命，革命意味着社会各阶层的利益会经历翻天覆地的变化，意味着有些阶层会因无法适应时代的变化而被淘汰。据史料记载，八国联军侵华时，清军的武器装备并不比对手落后，但四万名能力很强的士兵的战斗力是基于勇气和传统战法的，而不是充分发挥以火枪为代表的现代武器的优势，结局可想而知。火枪，在这里意味着先进的科学生产力，科学技术是第一生产力。认真回顾近几百年的历史，就会发现这几百年的人类发展史就是科学技术发展史，是先进的生产力不断打破旧的生产关系的历史演绎。

　　在可预见的将来，人类进入智能社会是大概率事件。但它是一个结果，要有很多因素产生这种结果，只有这些因素都具备了，人类才有可能迈入智能时代。最核心的因素是整个社会的数字化程度。有了数字化，才会有足够的高质量数据，也就进入数据化时代。从数字化时代进入数据化时代，再发展到智能化时代，整个发展路线图就展现出来了，我称之为"云—物—大—智"发展次第论。

为什么谈数字经济是本质呢？微软的现任 CEO 萨提亚有句名言，他说："我们这个行业不尊重传统，只尊重创新！"不管你过去或现在取得了多大成绩，一旦停下脚步，就会被他人超越，这是所谓的大势。这种大势会让很多人不适应，可能被时代淘汰。这是由于数字化以后，所有信息和运维都可以由软件来定义和管理，也就是常说的 SDX（Software Define Everything，翻译为软件定义一切）。社会运作的效率会得到巨大提升，造成社会成本的大幅下降。这种下降不是靠降低利润换来的，也不是靠牺牲功能和质量换来的，是真正意义的成本下降，从而具备"降维"式的优势。这是数字化的优势，同时也会对人类的技能产生新的要求。

人工智能为什么这么重要？智能是一种能力，是"赋能"的工具。这次人工智能可能是有史以来最强大的一种能力，会在掌握和没掌握这种能力的人之间产生巨大差异。这也可以称为另一种"数字鸿沟"。拥有与未拥有，会决定到底是别人被我们弯道超车，还是我们被别人弯道超车。日本在 30 年内连续打败了两个帝国，依赖的就是这种"把火枪捡起来，把大刀放下来"的改革思维。人工智能作为人类社会发展的加速器，也同样需要我们认真对待。

据美国媒体报道，在 2033 年美国 47% 的工作将实现自动化，其中不乏高知阶层，如记者、律师、医生、金融分析师。先不论数据是否准确，但趋势会越来越明显。今天很多大人让孩子花大量时间上英文补习班，殊不知，通过人工智能的帮助，语言很快就不是障碍，现在已经有很多基于人工智能的翻译机上市，这种势头还会越来越猛。相反的，"学好数理化，走遍天下都不怕"这句渐渐失去关注的口头禅，反而可能在这一轮科技革命的浪潮中又重新体现它的价值。孩子是花时间学习机器可以随时翻译的外文，还是把中文学好，把数理化学好，这种决定关系孩子有没有未来也让我们认识到将面临什么样的社会。

技术的发展本身没有对错，人类的本质需求不会改变。例如，音乐的数字化历程，虽然把整个黑胶唱片、录音磁带、CD 光盘行业淘汰了，但音乐行业不仅没有消失，还在蓬勃发展，只是磁带、黑胶生意不复存在。又例如，做出版的企业，人类阅读的需求永远存在，但是随着获取知识和消费知识的方式随着数字化的进程发生变化，传统出版业可能会被淘汰，但知识的产生和传播只会持续发展。

所以还是要回归到科技发展的本质进行思考。全球也有这种趋势，为什么说从 2015 年开始，《资本论》的销售量又开始提高，《毛泽东选集》的销售量也开始增长，这值得大家深思。回到最基本的话题，其实各种变化都离不开先进生产力和落后生产关系的矛盾问题，这也是被称之为"革命"的原因。

云—物—大—智，在理解上，要反过来看，智—大—物—云。终极目标是智能社会，智能社会需要大数据的支撑，而数据来源于万物互联的社会，万物互联又需要强大的云计算平台和通信网络的支持。如果没有特殊情况的出现，人类进入智能社会应该是大概率的事件。但智能社会是一个结果而不是原因，智能社会要依靠什么？依靠大量优质数据。数据是智能社会的新型"口粮"。实际上我们还没有进入智能社会，因为数据既不够大，也不够好。大数据怎么来呢？需要靠万物互联的社会，由每个人和每个物随时随地产生数据。这里又会提到另外一个关键词"数字孪生"（Digital Twins），也就是物理世界与虚拟现实的无缝融合。基本概念就是要先把物理社会完全数字化，而数字化从本质上来讲就会更高效。例如，大家面前都有一个水杯，那么想象一下，一个杯子里面放小块的石子或放打成粉末的石子，或进一步，放打成纳米颗粒的石子，同样大小的杯子，哪种情况下放的物质最多？一定是颗粒度越小，同样体积的前提下承载的物质越多。数字化可以把整个物理空间、时间全部细粒度化，再通过软件的手段进行优化重整，这会带来生产力和社会效率的巨大提高。社会的粒度越细，效率越高。如果一个国家以分钟为单位进行计划与管理，而另外一个国家以小时为单位进行计划与管理，以分钟为基本单位的社会比以小时为基本单位的社会效率高。中国在过去几百年从高峰转到低谷，主要还是社会效率的逐渐落后，表现为社会生产力的逐渐落后。而这一轮的复兴，数字化转型将起到至关重要的作用。

物理社会完全数字化以后，会产生海量的数据需求，包括采集、传输、存储、分析、展现等。这种量级的数据，云计算就是一个顺理成章的方案。大家不要被"云"这个词所误导，在中文的语义下，"云"通常有"云里雾里"的嫌疑。但"云计算"更精确地应该叫作"灵活计算能力的无处不在"。云计算是一种社会基础架构。例如，国家水网保证了社会水的供应；国家电网保证了电气化社会的电力供应；云计算服务就保证了智慧社会所必需的计算能力的供应。

云计算中心加上先进的5G通信网络能够造就一个计算能力无处不在的社会，这才能承载起万物互联的社会。有了万物互联社会才能随时产生优质的数据，有了数据之后才可能有人工智能的产生。

云计算的颗粒度还是过大，真正的智能社会需要更细粒度的计算能力，所以又会有人提出所谓的"雾"计算，甚至"霾"计算，也就是计算能力从中心向边缘的不断扩展，比较正式的说法是"云计算"与"边缘计算"，也有叫作"边缘智能"。云计算中心可比喻为人的大脑，什么叫作"雾计算"，可以比喻为脊髓神经，神经也是有智能的。霾计算就是末梢神经，如果手被火烫一下，无须经由大脑思索，手会条件反射般快速收回来，这是末梢神经在起作用。如果一定要等到大脑收到神经信号做出判断，再通过脊髓和神经把收缩的指令传回，手八成早就烫坏了。人类的大脑很神奇，它会把经验和知识学习完之后，将一定级别的决定授权给神经去处理。大脑主要处理20%左右未被授权的信号。如果把浑身神经接收到的信号全部由大脑处理，大脑估计早就烧坏了。这种脑、脊髓、神经丛、末梢神经的分工与合作，有助于理解云计算与边缘计算的关系。

令人警醒的是，绝大部分人并不是做技术的，有时会难以理解这次技术浪潮的巨大冲击力。就算是道听途说，也很难找到适当的应对措施。第一次工业革命，英国的手工纺纱作坊里的工人，把蒸汽机驱动的纺纱机器砸了，但他们也被淘汰了。而那些放下手工艺、努力拥抱变革、积极学习自动纺纱机器操作的工人就有了新的就业机会并生存下来。未来几十年不仅中国、欧洲、美洲以及亚洲其他国家，都会面临这种挑战。我们是选择成为破坏具有人工智能的机器人的人，还是变成操纵机器人的人，这值得我们深思。

现在再简单看人工智能到底是什么。社会上的道听途说太多，到底有几个人真正去学习并实践过现在被吹得沸沸扬扬的人工智能呢？软件行业有个口头禅，英文是"Talk is cheap, show me the code"，翻译为"光说不练假把式"。既然人工智能这么火热，大家是否可以真正钻研一下，而不是在没有了解实际情况时就陷入到"人工智能是否会消灭人类"的玄学中去。人工智能的定义可以分为两个部分：人工和智能。机器是在模拟人，机器没有创造新的东西，机器的所有能力都是人类赋予的。当我们自己不了解人怎么想，怎么去反应，又不了解机器是怎么产生"智能"，怎么在新的智能时代生存？那是很难的。到底是人工智能还是机器智能？我认为称之为"机器智能"应该更准确些。但由于大家已经约定俗成地用了"人工智能"这个词，姑且先借用一下，要明白这是不精确的。机器人可能会伤人，但不要忘记背后指挥机器人的是人。所以我认为，国家一方面要大力研究和发展以人工智能为基础的科学与技术；另一方面也要在人工智能哲学领域有所突破。不把哲学理论放上去，就无法在形而上的层面对人工智能的发展起到指导作用，而这个工作不仅要靠哲学家的努力，科学家和政治家也有不可推卸的责任。近现代可以与之比拟的就是核能的发现与利用。核能很强大，可以制造原子弹，也可以发电。人工智能也如此，但最终起决定作用的是人类自己，不是科技。

掌握并利用人工智能的三个阶段以及与之相呼应的三种能力：基础能力、通用能力和行业能力。首先要在人才培养与数据采集上下工夫，打好一个基础。再学习和掌握已经形成通用算法并作为API（软件应用开发接口）发布的各种人工智能服务，比如微软公开的几十种认知服务应用开发接口。这样可以使你的产品立即拥有基本的人工智能能力。但最终还是要在行业中深耕细作，形成自己独有的行业算法，不同行业场景提供不同的人工智能能力。

有多少人真正开发过人工智能应用？有多少人知道看起来很炫的机器人会识别你的容貌、性别、表情，会说出"先生、女士您好！您今天看起来很高兴"，背后到底是什么？大家可以到微软的认知服务网站上去试着上传一张照片，就可看到背后其实是数学，或更精确地讲，主要依靠的是概率论的算法得出结论后，以概率的方式表现出来，再加上自然人机交互方式，如语音，让人感到很神奇。如果再加上人形机器人，你是否会觉得这就是一个人类了？但其实背后就是数学，主要是概率和统计。明白这个道理就可以先不用担心人工智能是否会消灭人类，而是先让自己的学识有所提升，掌握智能时代需要的能力，其中关键是利用"人工智能作为一种能力"的能力。否则，不具备机器智能辅助的人类的确可能被具备机器智能辅助的人类给淘汰掉，就这么简单。

融智库分论坛
——数字出版"千人计划"分论坛

牵头单位：融智库

参加单位：融智库、吉林分库、重庆分库、广东分库、新闻出版机构

主 持 人：广东高等教育出版社数字出版部主任　柯积荣

重庆市音像与数字出版协会副会长　刘茂林

2017年10月14日上午（08:30—11:55）

点 评 人：化学工业出版社数字出版部主任　温　强

广西师范大学出版社战略规划与事业发展部副主任　徐天水

2017年10月14日下午（13:30—17:00）

数字传媒公司的人才之困境及思考

◎ 重庆迪帕数字传媒有限公司董事长　董　康

重庆迪帕数字传媒有限公司以"数字升级出版，技术服务教育"为理念，其中包含"教育"和"技术"两个关键词，当然是基于出版行业。因此，接下来所谈到的数字传媒公司主要针对的就是教育出版相关领域。

重庆迪帕数字传媒有限公司非常重视技术，技术团队人较多。目前，需要软件研发、机械类、建筑类人才。

从公司发展历程来看，呈现如下趋势。

第一，应制定近期、中期和远期学习规划。其中包含混合式学习设计、重新设计学习空间、重新思考高校运行模式。

第二，面临的重要挑战。一是教材内容均在变化，数字产品需要顺应变化趋势；二是要不断提高产品数字化能力；三是要保持与时俱进。

第三，关于高等教育中教育技术的重要进展，包括自适应学习、移动学习、物联网、下一代学习管理系统、人工智能、自然用户界面等，与出版和教育相关。现在很多在线阅读平台大多是互联网企业在做，出版社已经错过了一些机会，甚至说我们传统的出版社可能面临一个问题，出版社成为互联网企业的打工仔。

澳大利亚的小学和高校教室里面都有各种各样的屏，图书馆里面纸质的书很少，主要是电子版的。这是一个常态化的教学场景，国内也有，但是可能没有他们做得这么彻底，可能只是示范性的。学生可以通过操作大屏幕的机器人做互动性的游戏。可见，学校对内容需求已经发生了很大的变化，我们预判这种状况在国内会很快普及。

数字传媒企业的招聘岗位里有各种各样的关键词，例如，需要懂技术，需要懂教育，需要有理工科背景，需要了解互联网、新媒体，甚至管理、运营等。事实上需要的是真正的复合型人才。

关于人才招聘提几点建议：根据公司现状与需求，把岗位需求梳理出来，然后对每一个岗位制定标准，并形成岗位说明书，再根据岗位说明书去招聘员工或者是培养现有员工。岗位说明书中应附上岗位权利与绩效考核指标。在此基础上，可按如下方式解决人才需求问题。

第一，引进外援，培养专业人才。

第二，自行培养，这个成本比较高。根据岗位说明书做出差异化培训。

第三，校企合作联合办学。高校人才培养要与企业结合起来，制定满足实际需求的培养方案。

高校数字出版人才培养模式的几点思考

◎ 天津科技大学包装与印刷工程学院数字出版专业教授　司占军

我来自于天津科技大学包装与印刷工程学院，学院的包装专业在全国很有影响力，专业排名第一。数字出版专业的前身是印刷技术专业，根据国家的需求设立于1991年。但是随着社会经济的发展，这一专业21世纪初开始转型，当时是基于电子出版，招生时把原来印刷专业分出一个方向，这个方向就是电子出版。2012年，全国院校申报数字出版各种项目，天津科技大学是第一批申请数字出版的院校。转型对于教育来讲很尴尬，出版社可以拿一部分国家项目资金去制定转型方向，做出好的产品。但是对于高校来讲，数字出版怎么做，我们一直很困惑。数字出版教育指导委员会有一个指导性文件，我们进行了专题研究与学习，也组织了多次调研，走访了很多的学校。

目前，我校数字出版专业共计7位老师，一年招收2个班的学生，大概有60人，现在已经有了第一届毕业生。从目前的发展形势分析，传统印刷专业已经不被学生看好。

在每年举办的数字出版年会上，我们定的专业培养方向也都在往数字出版年会发布的产业方向上靠拢。第一，专业课程体系要改，把原有专业做调整；第二，任课老师得改，要求每名专任教师必须上一门新的数字出版的课。

所以在这种情况之下，数字出版专业课程体系也重新做了定位。虽然已经通过了天津市数字出版新专业的认定，但是这个专业的课程体系定位也都做了几次调整。本专业以培养适应新技术、新媒体发展需求，具备系统的数字出版理论知识和实践技能，掌握编辑出版、计算机应用技术、艺术设计，具有创新精神和实践能力的高素质应用型人才为目标。我们希望学生能够在政府部门、教育机构、互联网公司、多媒体创意企业等文化相关单位工作，或者从事数字内容创意表达、新媒体出版、多媒体信息融合发行营销等工作，对我们来讲实现这个目标还需要几年时间的积累。

专业设置以人文社会科学出版理论为基础，以数字技术为核心，以计算机为工具，以工程实践为手段，以计算机科学与技术、交叉学科与工程艺术相结合作为特色。学院通过"十三五"综投的资金，建了3个专业实验室，满足培养学生的需要。我们的学生对该专业兴趣浓厚、热情高，只要是国内开办的与专业有关的大赛几乎都参加，同时也获得了不少大奖。教研室注重对学生兴趣的引导，让有兴趣、有积极性的学生进到工作室，配备专门指导教师，直接在工作室进行培养，根据学生专业掌握的情况，再对他们进行深度培养，希望培养成专业技术骨干。刚开始，去企业实践的同学们普遍不能很好地胜任企业交代的任务。我们确实缺少中间环节的培养，中间环节不打通，我们培养的学生与企业之间永远有一道墙。中间环节的打通，通过专业工作室进行培养成为关键。

数字出版产业带来了市场细分及人才需求的储备。我们很关注数字出版的产业走势，每年教研室都会组织老师参加一年一度在北京召开的数字出版产业年会。从数字出版产业报告的资料显示，2017 年整个产业产值 5000 多亿元，比 2016 年提升了30%。再往前几年看，发现几乎每年都是 20% ~ 30% 的提升。但是仔细分析，我们发现这 5000 多亿元产值的数字出版产业里，占前三位的是互联网广告、网络出版和网络游戏，而电子书、数字报刊却都呈现下降的趋势。如果专业培养不以前三位为培养目标，学生毕业后在这个产业不会有多大的作为，而这些产业方向却存在着大量的市场需求。新兴产业的融合发展是移动出版、在线教育和网络动漫，产业要求我们不仅会做在线教育平台，也会做动漫。如果这些专业我们不抓住，培养的学生就很难适应产业的需求。如果我们对数字出版产业的定位抓不准，学生的培养目标不明确，学生在专业学习上不了了之，慢慢这个专业会越来越难做。

市场细分、人才的需求储备要认真考虑。图书、报纸、期刊作为新闻出版单位主营业务，数字化转型目前来看并不是那么快，包括意识转型、技术转型等，还需要有更深入的探讨和研究。从数据来说，互联网期刊、电子书收入占比较低，比 2015 年和 2014 年都少，也就是说看似数字出版大幅发展，但是传统意义上的数字出版和新媒体的数字出版之间还是不一样的。我们专业培养还按原有方法培养肯定行不通，它在下降，而且份额占得极少，这值得我们思考。数字出版产业应该培养什么样的人才，怎么去思考这个问题。我个人认为人才培养应该是由市场和产业发展决定的，要让这些专业人才成为领军人物，必须要培养学生超前的专业思想素养、较高的业务水平、良好的市场把控能力和扎实的技术功底。

关于人才模式的设想：第一，人才基地的建设。我们急需建立产学研合作机制。我们计划让学生走入企业生产中，让学生置身于生产实践的"大熔炉"，经过锻造和历练，通过他们的实践反馈，重新调整工作室的培养体系，然后把学生推向社会，几轮的往复实践、调整，就使得我们培养的学生受企业欢迎，学生也觉得工作得心应手。第二，专业课程设置的改革，我们现在加大了新媒体类、文化素养类、艺术类的课程，希望通过这几个课程体系的建设，不断培养学生的专业人文素养。第三，加大数字出版专业的投入。投入需要监督和考核，例如，说专款专用，做好资金审计。希望相关文化产业部门和数字出版相关企业单位不断加强对专业教育的大力支持和投入。

上半场点评

◎ 点评人：化学工业出版社数字出版部主任　温　强

　　感谢融智库组织这样一场既有政府领导，又有行业专家、企业技术人员、高校工作人员参加的论坛。具体讲业务，第一要有政策，第二要有人，第三要有钱。近几年国家出台一系列的政策，从经费落实到人才培养，国家新闻出版广电总局两三年前已经开始做调研了，推动行业建设的工作一直在布局，下了很大功夫。国家新闻出版广电总局无论从转型升级示范单位评比上、知识服务单位评选上，还是实验室评选上，都是引导行业往前走。我认为跟上国家新闻出版广电总局步伐的，成为试点单位的，只要好好做肯定都成功了。

　　董康董事长介绍建立创新团队的经验，司占军教授从高校角度提出了人才培养的问题。反过来想，其实我们整个行业对人才需求都非常迫切。数字出版的概念，我认为是含在内容产业里面，内容产业属于文化产业的一部分。我觉得现在培养的这方面人才，无论是需求还是应用，都有非常好的前景，将来肯定也会受到重视。但是怎么把人才培养好，从经费到产学研用上还有很多可以深入合作的地方。

以创新的企业家精神投身融合出版

◎ 中国农业出版社副社长　刘爱芳*

智库是国家战略的重要组成部分，是外脑，融智库在新闻出版行业里恰恰发挥了这样的作用。在新闻出版行业最需要企业家精神，企业家精神的核心是创新，所以今天想从创新这个角度出发，谈谈我所理解的企业家精神。

第一，要能够大幅度提高配置资源、资源产出，把人才进行合理地配置。

第二，创造出新颖的东西，创造出不同的价值。新闻出版行业的人，无论是编辑、部门管理人员，还是一个服务人员或者出版社领导，都要创造价值，然后才能有价值，才能有位置，才能得到尊重。创造价值是整个行业的核心，无论这个价值多大。

第三，开辟新的市场，吸引新的顾客。例如，现在做知识服务的"罗辑思维""樊登读书会"等新型业态，其实是从业者在出版领域内用企业家精神在工作。

另外，企业家精神能够视变化为常态，总是寻找变化并加以利用。企业家精神与企业本身没有太大关系。例如，无论是高科技企业还是传统企业，都需要用企业家的精神去经营、去创造、去工作。同时，与企业所有权也没有关系，无论这个企业是你自己创造的，还是你只是一个打工者、普通员工，都需要有企业家精神。企业家精神与人本身的特征没有关系，不是你喜欢创造就有企业家精神。企业家精神和性格也没有关系，很内向的人同样可以具有企业家精神。企业家精神是可以培养的，它是有培养方法的。

近几年，无论是政府层面，还是技术企业层面及出版企业方面，融合出版多次被提及。在融合出版过程中，我越来越感受到需要用企业家精神去从事目前所在行业、所面临的工作。在融合出版的关键词中，"知识服务""互联网＋""运营模式""产品形态"，还包括"技术与机制"，都需要我们去思考，去用一种创新的姿态面对。

从政府层面，2013 年开始做转型升级，2014 年做资源加工，2015 年引导我们做运营平台，2016 年做智能服务等。实际上我们的政府官员也在用创新思维工作，他们也是用企业家的精神在做融合出版的事情。在技术层面，开始是数字化、结构化，我们也都是在拿其他行业的东西整合出一个新的东西，以适应出版行业。在运营层

　＊ 刘爱芳，时任中国农业出版社社长助理。

面，三四年前没人提"运营"这个词，但是现在大家都在提运营，包括内容运营、活动运营、产品运营等，大家都面临一些新的词，实际上就是由一系列创新工作所支撑的。

我们从事的这份工作和事业需要有企业家精神，特别是创新的企业家精神，需要我们去进行各种创新的实践。无论是技术改造、出版工作效率的提高、通过大数据提高选题精准性和营销的效率，还是通过知识服务、音频产品这些新的产品找到新的用户，创造新的价值的行为都是企业家的精神核心，也都是目前我们所从事的工作。

至于企业家精神的培养总结有几个方面。首先就是对机遇的分析，当然这种分析来源于企业的内部或者外部，这种机遇可以有很多。例如，一个企业里的意外性的事件也许就是我们创新构想的来源。例如，五六十年以前，电器刚刚普及，英国的明星百货突然发现电器销量占到整个厂商销量的60%，老板认为这不正常，是不是服装销量下降了，服装并没有下降，电器为什么增长了那么多？按照他二三十年的工作经验，要调整。他的一个竞争对手也面临同样的问题，但是这家公司正确面对这种意外，认为肯定是需求拉动的，最后这家公司就成功了。再例如，前一段时间中信出版社的卢俊讲了一个案例，他提到当年做《从0到1》这书时，只有5%的销量是从传统渠道走的，95%的销量都是从新型渠道推出去的。他当时策划一个活动，预算只有30万元，邀请作者在国家会议中心做演讲，发现策划活动到一半时根本不行，整体预算要100万元，当时场地也定了，很多钱也交了，人员也邀请了，消息也发出去了。于是他们这个团队在短时间内调整策略，把恶性事件转化成良性事件，从此以后用这种方式推广图书变成了轻车熟路。对机遇的分析，可能就是我们培养企业家精神的重要表现形式。当然还有很多来源，认知的变化、人口的变化。我们最近发现幼儿书很好卖，这就是人口的变化带来的意外事件。

培养企业家精神，或者说这种创新精神既要理性，又要感性，了解用户的需求。但是有时特别理性也不行，还要带一些感性的东西。

另外，要简单明了，目标明确。例如，小米和格力，小米做手机成功了，但是格力做手机却没有成功。要注重细微之处，创新有时是从细节开始的，细节决定成败。再者，无论在技术上，还是在方法以及模式上，我们的追求和目标一定是最终占居领导地位。这就是培养企业家精神所需要的。

我们怎么样面对融合创新，怎么样面对目前的形势和环境，我想核心就是不负时代、创造机遇。当然我们要有信心，"两学一做"教育实践活动中，党对干部的第一要求就是要坚定信念，为民负责，然后还要勤政务实。我们一定要用新技术提高工作效率，改进工作结果。

我们要做决策者的思想库，要做问题的研究者，要做科普的宣传者，要做信息的传递者、预警者，要做发展趋势的洞察者，要做智慧的储备者。总的来讲，我们就是要身兼数职，把我们的本职工作做好。

融合发展中的数字出版人才需求

◎ 北京行翼科技有限公司副总经理　邓晓磊

北京行翼科技有限公司是人民交通出版社股份有限公司面向驾驶员在线培训的互联网在线教育公司。在运营过程中，积累了不少互联网运营的经验，已经突破单纯只做内容的服务，全面参与在线教育的互联网运营业务。

在整个互联网发展过程中，包括人工智能在内，我国有大量模式的创新，包括优步、滴滴、脸书（FaceBook）、阿里巴巴等公司，这些公司更多的都是以互联网的运营为手段，以用户为中心，围绕用户提供服务，并且建立了自己的核心竞争力。所以，传统出版业在做数字出版时，只关注内容是远远不够的，还要关注用户以及他们的需求。另外，除了关注内容，还要为用户提供内容与平台功能融合的服务，使得服务用户更加专注、极致。要关注消费，既要做用户的核心消费心理研究，又要以需求为根本出发点，发掘用户潜在的需求。

谈到数字出版的案例，分别从以下几个成功的专业知识内容服务商进行介绍。首先要讲励讯集团，作为高校主要文献数据库的提供商，可以看到平台上的学者在他的整个生命周期内学术贡献的情况，并为他们专注的专业用户提供精准的专业服务。励讯集团的平台根据不同的类型，匹配不同的产品类型和人才，最后形成一个数字决策工具，未来的数字出版需要这个平台提供服务，这就是功能的体现。另外，国内婴幼儿垂直细分领域的平台 Babytree（宝宝树），能够以用户为主不断产生内容，包括自己也会策划早教的图书，同时整合早教专家和医生，通过平台、直播与用户互动，为用户提供服务，有互联网亲子社区、米卡早教包、电商、移动端等，而且是以运营为主的。另外就是 UGC + 数据挖掘 + 内容编辑，传统出版有大量的内容、有很大的市场需求，例如问答、百科、专家团队等，都是平台功能 + 内容的专业服务模式。

现在传统的出版机构也在数字化浪潮的引领下，借鉴上面的产品模式，运营模式，开始面向所处的行业提供专业的产品服务，例如数据库、网络课程、知识服务、决策工具等。

通过上文的介绍，基于行业发展的趋势，我们在这两年数字化转型的在线教育细分领域积累了经验。我们深知一个产品从研发到运营，一般都有一整套流程，例如，用户定位、运营组织、产品开发等。开发好的产品，需要用户定位、深入分析内容、充分了解技术，还要有很好的产品交互设计。这里需要大量专业的人才。

我们在运营过程中初步构建了数字出版团队，开发了一系列产品，同时在产品开发、运营的过程中对于人才有专业的要求，只有人才与我们核心的需求相匹配才能实现业务的良好运营。在这个新型的行业需要行业领军人才、智库专家队伍，还有产品经理、交互设计师、技术人员、产品运营人员等，以上职业角色基本构成了数字出版的整个人才框架。

数字出版不仅面向出版行业，更多是面向媒体，包括互联网行业都有这个需求。这里的细节也会有很多，例如一个产品经理要达到什么程度才是合格的产品经理，我个人认为这是非常核心的需求。数字出版领域，我认为无论是专业的培训还是本科期间学校的培训，都可以作为一个很重要的方向去培养我们急需的人才。

关于数字出版人才的需求我一直在做比较，在人才需求上也比较具体，特别希望未来以高校为主的基本培训以及 "千人计划" 这样的培训，能够助力人才培养，引领融合发展数字出版的人才建设，满足行业的需求。

如何培养造就面向新闻出版业未来发展的
创新型数字出版业务骨干队伍

◎ 重庆天健互联网出版有限责任公司总经理　刘爱民

如何以企业实训的方式造就企业自身需要的专业骨干人员，主要有以下三个方面。

第一，近几年信息技术的发展对我们行业冲击非常大，行业发生了大的变革，其中包括大数据、云计算、"三网"融合。新闻出版从生产流程、传播方式、产品形式、服务模式都发生了深刻的变化。

第二，数字出版人才应该具备哪些素养？首先，必须具有人文社科知识、编辑出版专业知识、深厚的文化素养。其次，必须具有计算机相关知识和数字出版技术知识。事实上，有一个误区，认为数字出版人才仅仅是技术人才，如果仅仅是技术人才，应该与我们实际需求不相符合。数字出版的核心优势还是在出版，出版必须具有出版专业的技术人才。

数字出版人才必须具备四个能力：一是项目策划能力；二是内容加工及标准制定能力；三是内容管理及运营能力；四是项目推广营销能力。我们作为数字出版企业面临的最大困难和问题是如何把传统的技术人才培养成为复合型的产品经理，就是让原有人才具有这四个能力。

第三，谈谈实践经验。重庆天健互联网出版有限责任公司专门做数字出版，公司成立于2005年，是第一批公司化从事数字出版的单位。我们以前在人才培养和引进方面也走了很多弯路，后来下定决心做自助出版平台，我们和斯麦尔公司一起做，通过实训的方式让员工得到提升。公司员工参与整个产品的定位、竞品分析、需求分析、原型设计、产品开发等各个环节，从源头开始全流程参与。

在这个过程中主要有三大阶段。第一个阶段是对数字出版技术的学习，例如内容加工标准、数据库技术、互联网技术、检索技术。第二个阶段是平台在开发实验中的实践，整个周期大概半年，从项目策划、产品设计、内容加工、采集管理到营销推广。第三个阶段形成我们自己的骨干队伍，通过7个月实训让员工具备项目策划能力和产品研发能力，掌握数字出版的流程，适应工作内容的多元化，掌握网络营销手段。

通过这样的方式我们培养了 4 个团队：一是产品设计团队；二是技术开发团队；三是数字化加工团队；四是项目运营团队。例如，产品设计团队与斯麦尔公司一起合作做项目，斯麦尔公司主要是对员工进行培训，策划、设计主要是我们自己的员工完成。开发团队掌握了整个平台的整体设计思想、模型、前后台开发方向，自行完成报表、接口及部分功能的修改。数字化加工团队能够掌握电子书的加工转换，并且制定了自己集团的第一套数字加工企业标准。项目运营团队每天独立的 IP 大概在 2 万个，PV（网页浏览量）接近 6 万，访问量基本达到我们的预期，在一定程度上还超过我们的预期。

数字出版队伍建设之我见

本次论坛我从四个方面来和大家进行交流，一是人才现状，二是岗位设置，三是人才培养，四是人才队伍建设。

一、人才现状

数字出版部门的人员，有从编辑室转过来的，有从信息中心转过来的，但是懂互联网技术或者数字出版专业技术的人员并不是很完备。互联网新媒体公司发展比较快，如今日头条、一点资讯、百度百科等，都很重视优质内容的建设及推广，他们做的工作如内容的编辑、筛选、推送是出版社一直在做的。互联网公司之前没有太多专业的出版人员，也还在加强相关人员的储备，并邀请各行业专家建设自己的特色内容平台。今日头条就是最典型的，号称拿出 1 个亿资金来支持各种优质内容建设。从市场发展方向和内容融合角度来看，出版社和互联网公司有很多方面是可以相互借鉴的。

现状存在诸多不足，也有很多新的发展契机。综合来看，目前高校数字出版人才培养和市场的需求有一定程度的脱轨，传统的教学方案和课程体系需要结合市场需要及产业升级来调整。市场发展的趋势无论对我们从业者本身，还是内容的融合发展都是很好的机会。变革时期可能存在很多的问题，但行业存在危机时，对于从业者及愿意与行业一起经历风雨和共同发展的人，未尝不是一次证明自己、提升自己的机会。中国农业出版社刘爱芳副社长发言时举了中信出版社产品发布会的例子，用创新和变革去应对行业变迁及产业升级。对于数字出版人才队伍的培养也是如此，大家都是从零起步，对于新媒体融合，单体社、传媒集团、教育出版单位是不是能有一些二次洗牌的市场发展机会？这应该是值得我们深入思考的问题。

二、岗位设置

就数字出版岗位而言，融合出版、新媒体运营等几个环节是可以相互打通的，追本溯源还是要回到内容的创造、选择、编辑、传播，尤其是现在移动互联网、新媒体新技术发展迅猛，借助新媒体的力量将合适的产品推送到客户的面前，无论通过App，还是 IPTV、纸书、电子书，这里面都有很多待挖掘的空间。对于人才队伍和岗位规划还是要结合市场进行统筹，目前传统出版单位、出版集团的数字新媒体公司、数字出版公司等分别设立了数字出版部主任、经理、项目总监、产品经理、运营经理等岗位。其中项目总监要协助数字出版部门负责人制定发展规划，尤其是近几年各种国家资助项目的申请，包括集团内部的项目、市场上的项目，有些出版社在此期间借助民营资本的力量拿到了一些好的选题，进行出版和新媒体数字版权运营的双向推动。除了纸书出版之外，基于影视、动漫、游戏、有声读物等表现形式进行全媒体产业运营推广。项目总监的作用在这里会凸显，和一般意义上的策划编辑有点像，但是又不太一样，策划编辑关注内容和出版本身，但现在要关注内容的来源、资金的来源、产品表现形式、推广渠道等。

产品经理、运营经理、内容经理、技术经理本身应该形成循环生态圈，或者相互之间应该是紧密关联的，对于传统印刷、审校、宣发、推广部门等都有相对应的环节，最终要形成一个封闭的体系，把产品研发生产出来，让用户接受，面向市场进行推广，实现产品变现。这是我们岗位设置或者人才培养的目的。

三、人才培养

关于人才的培养，大家都提到复合型人才，这确实是一个实际问题。对于数字出版专业的大学本科生而言，前两年是基础学科，第三年是专业课，第四年面临实习及毕业，让学生把涵盖出版、计算机、营销、新媒体等学科的课程全部学以致用，是有难度的，把每个人都培养成复合型人才也不太可能。无论对于培训对象还是用人单位，都要有具体的行业分工。所以，对于学科的设置和具体的产业应用，应该有专业的培训课程规划。工作中尽量去熟悉新的政策、新的发展方向和新的技术趋势，把现有人员从不同的产业链、技术、学科打通。

人员培养主要应从以下几方面着手。

动起来。传统出版单位的编辑力量相对比较扎实，编辑团队也比较稳定。数字出版部门应鼓励编辑人员和技术人员加强新技术的学习。对于新媒体运营的编辑、技术运营编辑，数字出版部门应组织他们进行相关出版专业知识的学习，参加每年的编辑考试。对于传统策划编辑、文字编辑而言，应让他们加强互联网知识的学习。对于单位而言，把人才打通才能够用起来更顺畅。

走起来。市场运营较好的技术商、平台商、运营商已经形成了完整的产业链和盈利模式，与做得好的公司做交流。安排人员到这些互联网公司或数字出版公司、电商平台等单位进行短期实习交流工作，并择优引进互联网企业人才，中国石油工业出版社、中国农业出版社、地质出版社等单位在这方面做得比较好。

请进来。这次论坛微软、百度、云测、同方知网等技术公司都有参与交流。与这些技术实力雄厚、市场发展成熟的各大公司保持深度交流，请这些技术公司派驻人员与单位现有团队对接，进行联合开发、运营，把他们的技术和成熟的方案变成我们通用的模块，消化吸收转化成为我所用的技术。

联起来。天津科技大学的老师也提到高校学科建设存在的问题，这些问题我们日常当中可能有共性，也有差异性，对于这种情况，用人单位和技术单位可以加强和高校的联合，对于他们的课程设置提出合理化建议。尤其对于研究生培养层面，很多课题研究可以结合出版及技术公司的项目研发及运营，大家一起推动。把在校生的实践操作和课题研究与现有工作人员能力提升及继续教育相结合，是件双向共赢的事情。这方面已经有很多可借鉴的案例。例如，地质出版社和知识产权出版社成立的融智库，地质出版社和南京大学联合成立的数字出版基地，江苏凤凰传媒集团有限公司定期选派高管来南京大学参加在职研究生的培训等，这些都可以放在日常工作中循序渐进地推动起来。

走出去。数字出版源于国外，包括谷歌、苹果、亚马逊等，我们应该与这些国际性行业先锋保持常态、高效的交流与沟通，取长补短。我国台湾的出版商在我们提出新媒体阅读概念时，已经做得有声有色了。他们做了一个 App，是《三国演义》儿童阅读版，把相关内容的文字、图片、图画、动漫、视频等各种资源整合在一起，给读者一个全新流媒体阅读的展现，用户体验效果很好。电子书和纸质书的发展应该是相辅相成的，如果能把数字技术和传统行业结合起来，出版产业做大、做强的机遇将会很多。

跨出去。国内旅游方面的杂志社把每期杂志做成 App，部分美食类图书也在做 App，都取得了不错的收益，这些都体现出交流沟通的重要性。大家应该有切身感受，一定不能闭门造车，无论是行业还是产业都是互通的。除了单位内部的交流，外部交流也要定期举办，形成良性的交流机制。据我所知，很多高校与出版单位定期都会举办员工联合培训。

干起来。光有理论不行，还要有产品。小步快跑，在本单位内进行数字出版探索，研究本单位客户构成、内容特色、市场需求，合作开发或适时独立开发产品，运营平台、销售产品，边干边学，结合市场需求定期更新迭代产品。借鉴互联网公司运营模式，例如，淘宝和京东等平台特殊的节日一定会精准地做营销活动，有活动时，界面就会立刻切换，具有针对性地将活动主题商品展现出来。出版物的主题营销和产品宣发，一样可以借鉴。

四、队伍建设

有高度。出版社要从战略角度高度重视数字出版，认识数字出版、新媒体传播的必然趋势，推动产业升级转型，制定中长期规划及发展战略，包括人才规划。引进高端领军人才、关键人才，以便在数字出版工作中能取得好的结果，甚至在产业中处于领先地位。

有决心。出版社要为肯干事的员工提供平台。要信任引进的关键人才，赋之于人、财、物等权力，尊重其合理的发展数字出版的战略构思，给其干事业的平台，做大数字出版业务，扩大品牌影响。为其学习、进修、出国考察提供必要的支持。

有竞争力。提供比出版业平均值更高的薪酬。数字出版工作是个战略性的工作，不能急功近利。人力资源是关键，他们是智力投入，不是成本。所以，要肯出高薪。因为，相比 IT 行业、互联网公司，出版社平均薪酬明显偏低，为了引进和留住人才，一定要提高薪酬，以便筑巢引凤。

有吸引力。根据 IT 互联网行业运营规律，为关键岗位和领军人物提供股权或期权。当前，新闻出版产业在进行深化改革，出版社也在探索职业经理人制度，为此，在数字出版部门已成立公司或将要成立公司的情况下，可以考虑给数字出版领军人物和关键岗位人才以股权或期权。

人才的规划、统筹的队伍，能够形成合力才行。不管是出版社还是新媒体公司都要有一个规划，对数字出版发展方向要有一个清晰的认识。新媒体的发展不可逆转，但是短期不可能完全取代纸制出版物，随着新媒体的发展，整个出版行业会产生翻天覆地的变化。像当年的唱片一样，最后被数字音乐所取代。声音和图像不一定非要通过广播、电视和电影来实现商业价值，出版业也是一样，纸质出版不是商业化价值休现的全部，某一载体的变迁，消费需求还是存在的，只是传播的载体和消费的途径在不断变化，出版社要从发展规划、人才的使用等方面通盘考虑。出版社对人才使用要有全面、系统的布局。人才引进来之后，都会面临现实层面的问题，这些人怎么用，是参照原有考核体系还是参照现有体系？需要找一个新媒体运营层面和编程技术人员与原有工作考核和使用应该有所区别且能够发挥员工最大效用的考核体系。出版社应规避原有考核体系与新引进人才之间的矛盾，避免新人融不进来、老员工抵触等具体问题。同时，在实际工作中需要用发展的眼光和融通的智慧面对并解决问题，显现在面上的问题总是有解决的办法和途径，可怕的是企业崩溃时不知道问题到底在哪里。

对于人才的使用，一方面我们要引进人才，另一方面还是要客观地看到很多互联网新媒体的内容运营和建设是需要有成长周期的，刘爱民总经理提到他们运营的在线教育平台，每天有两万多人的访问，作为一个新兴的平台，能有这么多用户访问，说明他们运维下了很多功夫。人才引进来除了给规定的薪酬待遇之外，互联网公司的一些做法值得我们借鉴，例如，给核心人员设定期权、股权或者分红权等激励措施。这方面，已经有不少出版单位在尝试把新媒体公司分出来，成立股份公司，并在积极推进核心人员股份制、期权制等方面做了有益尝试。作为国有企业，需要面对怎么突破管理架构、怎么避免国有资产流失等问题，然而我们不能因循守旧，要动态地对待发展问题，在政策允许的范围内研究、创新、突破，并且可以考虑引进第三方专业机构协助推动。

国家鼓励和推动新闻出版业市场改革，需要大家有清醒的认识，在不违背现有法律法规和管理机制上做尝试，为行业发展、人才建设去创新、去拓展，这是为了行业的未来，是供给侧改革的尝试与实践。

下半场点评

◎ 点评人：广西师范大学出版社集团有限公司战略规划与事业发展部副主任
徐天水

中国农业出版社刘爱芳副社长从管理者的角度讲到人才的自我修养，提出企业家必须具有创新精神。我们所处的数字出版行业，创新是核心，尤其是做尖端、最前沿技术方面，要保持战略创新的动力，或者说具备创新的基因。

数字出版管理者自我修养中最重要的就是领先对手的能力。互联网行业和数字出版行业的现状都表明，如果不能站在第一梯队，就得不到大量的市场资源以及各方面的支持。这几年数字出版进入新的阶段，整个出版行业500多家出版社有一个很明显的分层。从市场端来看，如果现在一旦不能保持在第一、第二梯队，数字出版产业就会举步维艰。

刘爱芳副社长提到要坚定信心，勤勉务实。这让我想到一本书——《孤独的进化者》，管理者很孤单，做业务时可能只需要自我提升，但是要进化就要保持一种信念，督促自己进步。

北京行翼科技有限公司的邓晓磊副总经理在数字出版人才队伍建设上采用公司化的形式，公司已经为人才队伍建设奠定了很好的基础。招聘中出现的问题很多，例如招聘新员工以后要定位为策划编辑还是营销编辑，而无法定位为产品经理。但是人民交通出版社成立公司以后，就可能改变现状。

邓晓磊副总经理提到互联网运营的重要性，运营不仅是简单的销售，而是立体性运营的情况。另外，邓晓磊副总经理着重强调产品经理，产品经理延伸出来的一个点就是产品化，我们做的是一个成果还是一个产品，这两者的差别很大。如果是一个产品，我们从设计策划开始到最后就是全程参与进去，才能有产品化参与的市场活力。邓晓磊副总经理提到人才架构，我很赞同他的人才架构以及岗位设置中存在问题的说法。数字出版起步阶段享受的是政府的红利，并用来维持数字出版业的高速发展。但是政府红利一旦消失以后，我们同质化的人才怎样去和互联网公司对拼，我们这个行业的竞争力在哪里？

重庆天健互联网出版有限责任公司的刘爱民总经理提到的几点对我也有很多的启

发。他提到行业发展的概况对于人才的需求培养，我们现在不跟进行业尖端方向，对于人才的培养可能就会出现滞后性，例如最新的 AR、VR，会延伸出一个细的分类。我们如果不跟进，业务可能没法开展起来。他还提到企业实训，借助技术公司把整个队伍建设带起来。通过全员全程参与的形式把一个队伍带起来，对整个企业后续经营会带来非常大的效果。

我认为农业教育声像出版社王文峰副社长在人才组织方面是专家，他把人才的现况、岗位设置、人才培养讲得非常透彻。人才的需求是高度同质化的，这对我们来说是短暂的机会，但是也是一个危机。如果这个行业的红利和政策补贴没有持续性，其他互联网公司也在做，这对我们来说是很大的风险，人才和业务尽失的情况下我们会面临危机。他把岗位设置上的关联性讲得特别透，不仅每个岗位做什么，而且岗位之间要有联动性。他提到复合人才的培养，从广西师范大学出版集团来说，"十二五"规划开始每个材料都提到复合型人才缺失，大家都想知道，复合型人才到底怎么培养。我们不妨迈出出版行业对自己的限制，与互联网公司合作可能会有新的亮点。

队伍建设方面，存在人员引进以后怎么用好人的问题。我们不求在技术上得到长期性，而是融合起来，保持整体队伍的竞争力。

党政智库分论坛

——新型管理，数字经济

牵头单位：江苏凤凰出版传媒股份有限公司

参加单位：数字出版管理部门及行业协会

主 持 人：重庆出版集团副总经理　高　岭

太白文艺出版社数字出版部主任　强紫芳

点 评 人：广西师范大学出版社集团总裁　姜革文

贵州出版集团数字出版中心副主任　张忠凯

2017年10月14日下午（13:30—17:00）

数据共享是激发数字出版的生产力

◎ 广东音像教材出版社有限公司社长（总经理）、总编辑　程　天*

传统出版业绕不开如何进行数据共享、资源整合，并激发出新的生产力加速传统出版业融合发展的问题。进入 21 世纪以来，科学技术促进各行各业网络化发展的步伐不断加快，互联网时代传统出版转型升级蓄势待发，形成了 3 个基本模式。第一个是基于内容资源的模式；第二个是基于数字技术的模式；第三个是基于开放共享的模式。

我们以市场潜力为切入点，分析在新媒体融合发展道路中如何实现转型升级。

第一部分，新媒体发展与市场的潜力。众所周知，新媒体是以高新技术为支撑的新兴媒体形态。新媒体在时代传播的速度、成本和传播量各方面都比传统出版具有更大的优势，而且新媒体具有数字、交换、海量、共享、超文本等特征，这种优势是传统出版不能体现出来的。近年来，新媒体在互联网和移动终端方面发展很快，中国在互联网产业保持着非常高的势头，2017 年 6 月产值达到 7 亿元，普及率达到 54.3%，手机网民达 6.95 亿人。2006 年全国数字出版营业收入超过 2 万亿元。数字出版已经成为新闻出版的一个重要经济增长点，大量数据表明新媒体已经成为新时期人类生活中不可或缺的一部分。然而新媒体在发展过程中难免遇到这样和那样不可避免的问题，但是随着技术的发展这些问题都是可以解决的。

第二部分，出版社的转型与升级路径。互联网时代人们获得信息的渠道相当丰富，传统出版很多是通过一些图片、文字、事件信息进行编辑，在固定媒体上进行传播，但是新媒体是采用声像、影像的形式进行传播，可以让受众群体更全面、更直观地了解事件的前因后果。传统出版确实要吸收新媒体的运营经验，利用新技术弥补以往技术的不足，将出版资源和新媒体相结合。我从两个方面谈谈高等教育在这方面的建设情况。广东高等教育出版社的高等教育大数据平台的建设基于移动互联网传统出版与新型数据出版，是"互联网 + 高等教育"的创新，是大数据、云计算在构造教育出版新生态的应用，也将成为"互联网 + 出版"转型的一个示范。

---

* 程天，时任广东高等教育出版社副社长。

另外，要把握新媒体发展的机遇，传统出版和新媒体优势互补。当下新媒体在市场中占了很重要的地位，而且越来越显著，为传统出版带来冲击的同时确实也为我们自身转型升级带来机遇。具体来说，传统出版应建立独具特色的网站，充分发挥互联网便捷与互动的作用，及时刊登出版信息，创建用户交流平台。同时，进一步丰富阅读形式，同步推出适用于各类移动终端设备的数字阅读产品，利用各种社交平台和媒介扩展渠道进行刊物宣传，成为促进传统出版和新媒体优势互补的一个成功典型。经过多年摸索，我们出版社对数字出版模式有了一定的认识，并且在交互开发、运作和资金、资源建设方面积累了一些经验，为传统出版转型升级打下了坚实的基础。

近两年，我们出版社做了几方面的工作并产生了一些成果：

第一，与融智库签订了战略合作协议，并在融智库的支持下成立了分库。2016年融智库成立后，先后在吉林、重庆成立了分库。2017年5月深圳文博会上，在中国新闻出版研究院、广东省教科院和融智库的见证下，融智库广东分库正式落户广东高等教育出版社。这给数字出版工作带来了很多智力支持，也为我们的工作带来更加强大的推动力。

第二，研发了出版社转型升级融合出版平台，就是"好的课"大中专数字出版教育平台。"好的课"平台是我们社转型升级的一个数字产品，是一个针对大中专学校等数字教育机构以教材、教辅、课程资源、数字化、媒体化、社会化为核心，以网站＋微信公众号平台为依托，以二维码为纽带，将纸质与平台资源关联起来的"互联网＋出版"新型融合出版服务体系。数字出版很多时候就看服务体系怎么完善，我们这个平台开发有电子书、视频资源、学习资源，以及在作者、读者、出版社有一个共同的社区，老师有空间，书商有书店，这样相互沟通的平台对我们图书的销量来说也起到一定的提升作用。我们将传统的纸质出版的图书引入到平台上，提供了平台在线销售服务，拉动了纸质图书的销售，实现多管齐下数字升级转型战略目标。

第三部分，共享和资源整合。数字出版系统整体推进必然包括数字出版人、平台、作品等核心要素进一步提升。但是业界对这些要素流动性的评价参考标准缺乏统一的共识。共识来自于整个出版生态的信息反馈。换言之，只有有了准确的反馈，才有可能达成共识，只有达成了共识，才能制定评价标准，只有建立了评价标准，才能更好地规划数字出版更长远的发展战略。2016年，国家新闻出版广电总局批准了两家机构，都与行业的数据有关。第一家是中国新闻出版研究院组建的行业知识资源服务中心，第二家是由国家新闻出版广电总局信息中心组建的出版发行数据中心。

同时，国家新闻出版广电总局数字出版司还大力推进数据共享，以出版发行的数据交换为基础，打通行业的数据链，用数据流来支撑出版企业的业务流和资源流，实现"三流合一"。国家新闻出版广电总局信息中心正在建设行业的数据交换发行平台，将会把基础数据向全行业公布，可以依据数据来进行行业审批策划以及营销方案制定。从营销机构设置和管理机构规划来说，出版数据不断增加。另外，实现线上数据推动、线下互动。实现实体出版，根据市场做出版规划确实是当前数字出版领域里的一大课题。如何将有阅读需求的读者数据进行收集、整理、挖掘形成精准的热点，就是对数据机构分享的考验。在平台和产品方面，线上总体数据表明数据阅读并不缺乏用户和资金。2016 年行业报告显示了数据阅读的一种趋势，代表现在很多人尝试采用数字出版新模式，也喜欢用数据阅读的方式。我们可以判断未来的发展方向：数据流动性进一步加大，数字出版机构的格局也会转变。从长远来看，数据共享是一个行业的趋势，在出版业和其他行业之间进行数据共享将有助于数字出版产生更大的生产力。国家已经将增强文化软实力提升到国家战略层面，落实战略方针的关键在于自觉、主动地发展，以此提升我国出版业的核心竞争力。对此，出版业要有一个清晰的认识，不断引入新技术、创新产品种类，为整体繁荣和发展目标的实现提供有力支撑。

数字出版企业管理与智库建设

◎ 湖北长江传媒数字出版有限公司副总经理　谢俊波

一、数字转型升级工作现状

1. 数字化项目带动整体转型，创新示范作用明显

2013 年，湖北科学技术出版社开始制定"以数字化项目带动转型升级"的发展策略，围绕医学、大众养生、园艺、农业等优势专业出版领域策划并实施了相关转型升级项目。

"绿手指"园艺知识服务平台入选 2017 年度国家新闻出版改革发展项目库，也被列入湖北省改革发展项目库、湖北省新闻出版广电产业双百工程示范项目。此项目是湖北科学技术出版社大众出版向融合发展、产业化转型升级的模式探索。同样，未来也会在科普、武术等板块的产业化延伸中起到示范作用。

2. 制度创新，搭建内部孵化器

为适应出版融合发展需求，在内部支撑方面将数字出版部升级为新媒体分公司，并增加了视频编辑、自媒体编辑、版权运营专员等岗位。在板块培育方面，设计了"编辑部→事业部→模拟公司运营→公司化运营"的发展路径，已经成功培育了园艺板块的实体公司武汉绿手指文化传媒有限公司，以进一步推动"绿手指"园艺细分板块的产业化延伸，完成了由部门协作式向公司化运营的转型升级，实现了由传统图书出版向全媒体出版、园艺产业一站式服务平台、文化旅游、俱乐部等垂直领域的延伸与探索。服务于中非文化传播交流的非洲出版中心 Enjoy 公司也成功实现了孵化。

3. 优化出版流程，创新生产，多次应用

围绕出版主业进行了生产方式的创新，例如一个内容多种创意（《王大伟平安童话童谣》在低幼、小学、初中、高中阶段的不同应用）、一种产品多种形态（《肯尼亚植物志》纸质、电子书、数据库同步出版）、一次投入多次产出（"我爱足球"增强媒体数字资源建设项目实现了纸质出版物、数字资源平台、AR/VR 互动体验复合出版物等产品形态）、一次产出多次增值（"园艺小讲堂"节目的视频

资源可以在图书延展内容、在绿手指数字平台、自媒体播放平台等渠道实现多次增值）。

4. 走进新技术，在应用中创新

在用好大数据、云计算、移动互联网、增强现实、虚拟现实等技术的同时，湖北科学技术出版社还通过组织系列活动让编辑近距离了解新技术、新应用、新工具。如组织青年编辑到斗鱼直播公司参观学习、参加全国出版融合技术编辑创新大赛、专家知识讲座等。

直播已带来知识传播方式上的改变，在斗鱼直播平台开设"武韵""绿手指园艺小讲堂"等视频直播节目，都取得了很好的传播效果。例如，抢抓"徐晓东事件"舆论热点，邀请《武当秘传功夫》作者在斗鱼直播进行"中华传统武术是否有实战功能"话题互动，在线观看人数达到6.7万人。

5. 践行"一带一路"倡议，全媒体出版走进非洲

积极响应国家建设"一带一路"倡议，联合中科院成立非联合研究中心，实施非洲出版中心建设工程（2016年入库项目），在肯尼亚成立了第一家中资出版机构，搭建中非文化交流桥梁，传递中国声音、讲好中国故事、展示中国文化软实力。非洲出版中心重大出版项目《肯尼亚植物志》编演工作于2015年启动，将历时10年完成，已优先以网络出版物"肯尼亚植物志在线"的方式面向全球出版。

6. 更新人才结构，培养创新人才

坚持人才引进和内部培养相结合，先后引进了数字出版专业、播音主持专业、视频编导专业的人才，同时启动社内"传帮带"计划，加快出版融合发展的人才培养。与武汉大学、华中科技大学、武汉理工大学等高校建立"产学研"合作关系，联合培养、储备人才。

二、数字出版企业管理对智库的需求

梳理整个数字出版转型工作可见，涉及规划制定、机制创新、项目策划实施、流程优化、新技术应用、人才队伍培养，这都需要与新闻出版业及相关行业智库紧密结合。

1. 统筹规划

结合行业中的"十三五"规划，亟须做好现有业务的梳理分析，做好全面融合发展的顶层设计，加快实现出版行业技术标准实施、业务流程再造，实现新媒体新技术由相"加"迈向相"融"。

近年来，我们实施了内容资源库、协同编撰平台、钉钉、ERP等基础设施建设，电子书、App等各种平台，AR、VR、语义分析、云计算等都有涉及，但产值所占比重不高，还是以相"加"为主，需要加速迈向相"融"。

2. 重大项目

重大项目策划、论证、实施都需要与有关党政、高校、企业智库结合。在扶持优势传统出版品牌建设的基础上,通过项目带动优势品牌转向数字化知识服务的转型升级,进而深入产业链布局,达到板块孵化的效果。

3. 舆情监测

大多数出版企业网络舆情制度没有建立,网络空间舆论风险防控体系有待进一步加强,在互联网面前风险防控、应对突发事件能力需进一步提升。

4. 国际传播

出版产品和服务的国际传播一方面需要以优质的产品为媒介,另一方面需要有效的海外渠道作为支撑。

5. 人才培养

需持续解决专业人才不足和从业人员知识更新问题。

三、智库建设的几点思考

建立常态化智库合作机制,为企业发展提供智力支持。

1. 紧密联系政府智库

围绕国家新闻出版广电行业有关政策,密切关注中国新闻出版研究院发布的有关报告,特别是当前面临的最紧迫、最受关注的重点问题和热点问题。

2. 与高校智库合作

双方在科研成果转化、产学研项目合作、产品(服务)研究开发、技术攻关等方面密切合作;建立人才联合培养和输送机制,加快数字出版管理、项目管理、业务骨干等人才培养速度。

3. 与企业智库合作

积极参与融智库建设,特别是促使省内的数字出版政产学研界的管理、理论、实务方面的专家、资源和技术力量形成合力;与其他出版机构建立的智库合作,夯实细分领域的出版基础。

4. 联合打造海外智库

将非洲出版中心打造成为中国新闻出版业的非洲智库,积极加入"一带一路"国际智库合作联盟。

上半场点评

◎ 点评人：广西师范大学出版社集团有限公司总裁　姜革文

　　程天先生我们比较熟悉，他做事很踏实，讲得也很精彩，非常感谢他。谢俊波先生前面讲的是项目、制度、流程、技术，提到在非洲的出版，案例生动形象，很实在。他一开始讲的"绿手指"、王大伟、斗鱼、肯尼亚，后面讲的是他的几点思考。他们的发言体现了一种倔强的精神，体现了我们出版人无畏困难的勇气。

　　这个时代，需要无所畏惧的精神，需要凝心静气的面对。我记得好像有一首诗，送给每一位出版人："我不相信天是蓝的，我不相信雷的回声，我不相信梦是假的，我不相信死无报应。如果海洋注定要决堤，就让所有的苦水都注入我心中，如果陆地注定要上升，就让人类重新选择生存的峰顶。新的转机和闪闪星斗，正在缀满没有遮拦的天空。那是五千年的象形文字，那是未来人们凝视的眼睛……"

网络出版（数字出版）行政执法的现实挑战及体制创新

◎ 南京市文化综合执法总队副总队长

南京市"扫黄打非"办公室常务副主任　蔡　健

伴随社会信息化的不断推进，网络出版（数字出版）违法案件在出版行政案件中的比例不断增大，出版行政执法内容由传统出版违法案件为主向网络出版违法案件为主转变是不可逆转的趋势。

一、网络出版行政执法面临的挑战

网络出版行政执法越来越重要，与此同时，网络出版行政执法也面临诸多挑战。

1. 管辖权限模糊

网络出版行政执法的管辖权与下列概念相关：一是企业注册地；二是企业实际经营地；三是网站备案地；四是网站服务器所在地，五是违法行为发生地。实际工作中，经常出现对行政执法主体理解不一致的情况，并因此导致相互推诿现象的产生。

2. 取证手段有限

行政执法存在执法手段有限、执法力度不足的软肋，就网络行政执法、网络出版行政执法而言，难度更大。我曾经与江苏省内外几个城市的文化综合执法机构负责人进行过交流，这些城市的网络出版行政执法工作开展得较为出色，在全国处于领先地位。据悉，直到 2017 年，他们还没有成功扣押过一次涉案服务器，无论服务器位于本市还是位于外地。

3. 专业人员不足

网络出版行政执法对执法人员的信息化素养具有较高要求。但是，现实情况并不如意。以南京市文化综合执法总队为例，机构编制 43 人，目前只有两位同志具有计算机专业教育背景，他们是 2016 年通过公开招录渠道进入总队工作的。

此外，网络出版行政执法还面临着其他一些挑战。现在对行政执法的要求和约束越来越多，执法人员必须从坚持依法行政和确保执法质量的角度考虑问题，故有些网络案件常常是查查就停了下来。因此，网络出版违法案件的结案率不高。

二、网络出版行政执法案例

1. 办案经过

2017 年 5 月下旬，我们接到上级部门的案件转办单及非法出版物鉴定书。这些材料指出"华为应用市场"网站可供下载的 3 款 App 含有淫秽色情网络出版信息，要求我们执法总队依法进行查处。

经调查，"华为应用市场"网站免费提供 App 接入服务，不向相关企业收费。在这起案件中，"华为应用市场"网站主办方将 3 款 App 分别接入"华为应用市场"网站的 3 家企业，他们的联系和区别是什么？他们究竟应该承担什么样的责任？带着这些令人困惑的问题，我们开展了大量的调研并进行了深入的思考。通过到"华为应用市场"网站主办方华为软件技术有限公司实地调查，通过向省市法制部门、上级新闻出版行政机关、上级"扫黄打非"机构请示汇报，通过向兄弟城市文化综合执法支队、本局法律顾问请教咨询，我们渐渐理出了头绪。

"华为应用市场"网站作为平台，其在案发后对涉案 App 迅速做出下架处理，依据国家互联网信息办公室《移动互联网应用程序信息服务管理规定》、工业和信息化部《移动智能终端应用软件预置和分发管理暂行规定》等相关规章，可以不予行政处罚。我们约谈了"华为应用市场"网站主办方，要求其加强 App 内容审核把关，及时发现并删除违禁内容。

3 款 App 的接入企业与注册地位于南京的华为软件技术有限公司签署过《开发者联盟服务协议》（在线签署）。由于存在这份协议，南京市文化综合执法总队对它们的违法行为具有管辖权。2017 年 7 月下旬，我们依据《中华人民共和国行政处罚法》第 8 条、《出版管理条例》第 61 条以及《网络出版服务管理规定》第 51 条的规定，分别下达"行政处罚决定书"，责令这 3 家企业（其中 2 家深圳公司、1 家北京公司）删除相关网络出版物，同时分别处以警告、罚款人民币 3000 元整的行政处罚。3 家企业对执法调查和行政处罚比较配合，案件办理较为顺利。

2. 相关反思

应该说，我们是在与"华为应用市场"运维人员直接接触，获悉并学习研究了国家互联网信息办公室、工业和信息化部的两个规章后，案件查办才逐渐找到了方向、明确了思路。目前来看，网络文化行政执法的职能配置和队伍编成存在问题。

一是将传统产品行政执法职能与网络产品行政执法职能编制在同一个执法队伍中。目前，南京市文化综合执法总队一支队负责文化领域传统案件和网络案件的查办工作，三支队负责新闻出版和广播电视领域传统案件和网络案件的查办工作，是按领域划分行政执法职能，没有将网络行政执法职能单列出来。当下，我们总队传统案件的占比仍然高于网络案件的占比，执法人员分配在网络执法上的时间和精力有限，这就直接导致我们对网络规制的发展不敏锐、对网络业态的变迁不熟悉、对网络案件的研究不充分。

二是将网络行政执法职能编制在不同的执法队伍中。互联网是一张网，是一个有机整体。但是，我们在职能配置和队伍编成上并没有充分考虑和有效体现"一张网"的特性。以内容为规制重点的一系列网络文化规制，它们有着很多共性。《互联网文化管理暂行规定》《互联网视听节目服务管理规定》《网络出版服务管理规定》等几乎都是由进入规制（即须经过行政许可）、内容规制、运行规制、惩罚性规制等几部分构成。以内容规制为例，这几个规章在这方面的表述几乎如出一辙。文化部《互联网文化管理暂行规定》第 16 条规定："互联网文化单位不得提供载有以下内容的文化产品：（一）反对宪法确定的基本原则的；（二）危害国家统一、主权和领土完整的；（三）泄露国家秘密、危害国家安全或者损害国家荣誉和利益的；（四）煽动民族仇恨、民族歧视，破坏民族团结，或者侵害民族风俗、习惯的；（五）宣扬邪教、迷信的；（六）散布谣言，扰乱社会秩序，破坏社会稳定的；（七）宣扬淫秽、赌博、暴力或者教唆犯罪的；（八）侮辱或者诽谤他人，侵害他人合法权益的；（九）危害社会公德或者民族优秀文化传统的；（十）有法律、行政法规和国家规定禁止的其他内容的。"国家广播电影电视总局、信息产业部《互联网视听节目服务管理规定》第 16 条规定："视听节目不得含有以下内容：（一）反对宪法确定的基本原则的；（二）危害国家统一、主权和领土完整的；（三）泄露国家秘密、危害国家安全或者损害国家荣誉和利益的；（四）煽动民族仇恨、民族歧视，破坏民族团结，或者侵害民族风俗、习惯的；（五）宣扬邪教、迷信的；（六）扰乱社会秩序，破坏社会稳定的；（七）诱导未成年人违法犯罪和渲染暴力、色情、赌博、恐怖活动的；（八）侮辱或者诽谤他人，侵害公民个人隐私等他人合法权益的；（九）危害社会公德，损害民族优秀文化传统的；（十）有关法律、行政法规和国家规定禁止的其他内容。"国家新闻出版广电总局、工业和信息化部《网络出版服务管理规定》第 24 条规定："网络出版物不得含有以下内容：（一）反对宪法确定的基本原则的；（二）危害国家统一、主权和领土完整的；（三）泄露国家秘密、危害国家安全或者损害国家荣誉和利益的；（四）煽动民族仇恨、民族歧视，破坏民族团结，或者侵害民族风俗、习惯的；（五）宣扬邪教、迷信的；（六）散布谣言，扰乱社会秩序，破坏社会稳定的；（七）宣扬淫秽、色情、赌博、暴力或者教唆犯罪的；（八）侮辱或者诽谤他人，侵害他人合法权益的；（九）危害社会公德或者民族优秀文化传统的；（十）有法律、行政法规和国家规定禁止的其他内容的。"这说明，上述这些规制如果由一支执法队伍进行使用，工作效率要高很多。

开展网络文化行政执法，仅仅熟悉网络文化相关规制是远远不够的，还需要接触、理解并熟悉网络治理领域的其他相关规制。网络文化行政执法职能如果能聚焦到一支执法队伍，工作效率要高很多。

网络文化规制的规制主体一般都是行业主管部门，它们往往会从本部门、本行业的角度出发去考虑问题并拟定规制，这就导致规制内容存在重叠和冲突的可能性。例如，《网络出版服务管理规定》第 2 条规定，"本规定所称网络出版物，是指通过信息网络向公众提供的，具有编辑、制作、加工等出版特征的数字化作品，范围主要包括文学、艺术、科学等领域内具有知识性、思想性的文字、图片、地图、游戏、动漫、音视频读物等原创数字化作品。"《互联网视听节目服务管理规定》第 2 条规定，"本规定所称互联网视听节目服务，是指制作、编辑、集成并通过互联网向公众提供视音频节目，以及为他人提供上传传播视听节目服务的活动。"但是"视音频读物"和"视音频节目"究竟如何区分，这可能是一个值得深入探讨的问题。在当前网络行政执法职能处于分割状态的情形下，如果出现这方面的案件，案件线索很可能会在支队之间"踢皮球"。这说明，面对"规制失灵"以及规制具有相对稳定性和持久性特征等客观现实，如果建立起一支具有网络行政执法职能的执法队伍，工作效率要高很多。

网络行政执法对人员素质、工具设备等有特殊要求，就工具设备而言，须配备便携式计算机、打印机、摄像机、照相机、移动执法终端等设备，硬盘复制机、只读读卡器、大容量硬盘、移动硬盘等电子数据复制、提取、存储工具，网站搜索、IP 地址查找等查询工具，以及电子数据分析工具等，需求多、费用高。这说明，着眼于资源配置的集约性和效用性，建立一支履行网络行政执法职能的执法队伍，工作效率要高很多。这是节约行政资源、钝化工作矛盾、提高执法效率的必然要求。

三、网络出版行政执法体制创新

大文化领域的网络执法涉及文化、新闻出版、版权、广播影视、"扫黄打非"等多方面多领域，为避免各自为政或相互推诿，有必要组建成立相对独立的网络执法队伍，这是加强包括网络出版行政执法在内的网络文化行政执法工作的必由之路。

依靠体制创新组建成立相对独立的网络执法队伍，吸收补充专业素质较高的执法人员，这不仅可以解决专业人员不足的问题，同时还可以借助专业性的提升、专注性的强化在取证手段、管辖权限等方面取得突破。

目前，正在进行的文化市场综合执法改革明确提出了完善网络执法职能配置和组织架构的目标要求。江苏省已有南京、连云港、镇江、常州、泰州、南通等城市制订了设立独立的网络文化执法队伍的工作方案。在南京市制定的工作方案中，网络文化执法支队的职能配置是：负责依法查处网络文化、网络视听、网络出版等方面的违法经营活动；承担网络"扫黄打非"的有关工作任务；负责网络举报投诉的受理、初审、督办和回复工作。据了解，江苏省内兄弟城市网络文化执法队伍的职能配置情况大体一致。眼下，文化市场综合执法改革正在进行中。

数字经济的崛起推动数字出版产业创新发展

◎ 北京北大方正电子有限公司副总裁　刘长明

一、数字经济的崛起推动全球企业数字化转型

"数字经济"这个词从 2016 年开始到现在不断升温，特别是 2017 年 3 月写入了政府工作报告。在杭州 G20 峰会上把数字经济进行了一个标准化的定义，它是以数字化的知识和信息作为关键生产要素，以信息网络作为重要载体，以信息通信技术的有效使用作为效率提升和经济结构优化重要推动力的经济活动。数字出版产业本身是以内容、知识、信息作为关键的生产要素，所以数字经济与数字出版产业发展相辅相成，密切关联。

数字经济的发展源于信息技术的发展。现在信息技术已经进入到大数据、物联网和 AI 的时代，之前有互联网、移动互联网，其中包括社交网络和云计算等，技术的变化是一个很大的分水岭。不仅仅对传统产业，对 IT 企业也是一个很大的变化。现在信息技术从 IT 基础建设进入到以 AI 为代表的智能时代，这个变化必将对整个社会、经济、生活带来很大的变革。

数字经济的崛起源于互联网和移动互联网的普及和广泛应用，互联网主要解决信息对称、构建连接和互动性的问题。从 1994 年我国互联网开始普及到现在经历了门户时代、搜索社交时代以及大互联时代，后来从互联网时代进入移动互联网时代。移动互联网的发展是互联网的技术平台和移动技术的结合，但这个结合不是简单应用的平移，更多的是创新和发展。从移动互联网发展来看，2007 年智能手机特别是苹果手机的发布使移动互联网进入了发展的快车道。智能终端的发展以及围绕智能终端相关的智能应用推动了整个产业的发展和升级。未来，移动通信技术结合大数据、物联网以及人工智能等会有更大的发展空间。所以我们从互联网、移动互联网这样一个发展阶段来看，下一步会进入物联网或者万物互联的时代，也有人认为进入了移动互联网下半场时代。

在这个变化当中我们看到，整个互联网和移动互联网的发展改变了社会、经济以

及人们的生活。例如，在互联网时代最先改变的是媒体。我们看到门户网站的诞生使我们更新了获得信息的手段，从纸质转向了互联网。人们交流互动的方式发生了变化，获得信息的手段也发生了变化。同时，互联网的发展由于构建了有效的连接，使电子商务围绕经济和生活相关的服务也发展起来了，并且衍生出很多新的应用。移动互联网时代我们所有的应用从 PC 端转向了移动端，特别是对整个经济社会影响非常大，影响最大的是移动电子商务的发展。与出版业密切相关的是文化娱乐业的发展以及教育领域，例如在线教育，都与出版业息息相关。

数字经济的发展基于互联网和移动互联网的发展，这个时代的主要特征是融合、连接和智能。从商业社会发展的角度来看，任何一个商业变革都源于技术的进步和科技的创新，围绕科技的创新诞生了很多商业模式，随着商业模式不断演进改变了经济形态。例如数字经济，之前可能大家说有工业经济，还有农业经济等，实际上都是科技带来的变化，商业模式的变化最后形成经济形态的变化。可以说，科技的发展带来商业的变革，带来了经济形态的变化。

二、传统出版数字化转型：从数字出版走向数字内容产业发展快车道

电子商务的发展基于电子商务平台。从影响人们的生活到与产业的融合，现在开始进入到后互联网时代或者移动互联网下半场时代，与传统产业全面融合，特别是随着物联网、人工智能以及大数据的发展推动到全球企业化、数字化转型。反过头来看，从 2013 年开始，我们国家的出版业在国家新闻出版广电总局的推动下，启动更多涉及产业的数字化转型升级。

数字化转型和产业转型升级主要是环境发生了较大的变化，一是带动了整个消费升级；二是场景的多样化；三是多元的参与，不是单向传递，而是多向互动。另外，我们看到目前的消费需求逐渐个性化，再者是数字经济源于互联网的普及，更重要的是源于技术的升级，互联网、移动互利网、云计算、大数据将成为基础设施，很多传统产业在数字化转型过程中比较困惑于技术，因为技术的升级将来会成为基础设施，使我们的数字化转型变得更加容易。这种变化使消费升级和技术升级，对出版业将来的一些产品形态，包括服务模式，都会带来很大影响。所以，消费升级和技术升级对数字化转型有很大影响，我们要研究消费升级和技术升级。

今天我们看到出版动态也在演化，从单媒介出版到多媒介出版，一次性出版到可持续出版，整个传统制作流程现在全部转向数字化制作流程。从单一图书内容向信息和知识服务商转变，从单一领域向跨界创新转变。这个正是出版业数字化转型发展的脉络。

从出版产业数字化转型的发展态势来看，主要包括以下几个方面：一是内容产品形态融合；二是内容传播渠道及服务融合；三是内容生产方式和要素融合，谈到数字

经济也要讲生产要素，出版业融合转型也涉及生产方式和要素的融合；四是内容的跨界，这几年 IP 是比较热门的内容，IP 的热门化与整个消费的升级、内容的多元创新是息息相关的。

数字内容产业比数字出版更能代表出版业数字化的未来趋势，数字出版是之于传统出版而言的，实际上数字出版在国外称为数字内容产业。在国内，2017 年年初，诞生了一个比较热门的词，叫作"数字文化创意产业"，列为国家"十三五"战略性新兴产业，数字文化创意产业与数字内容产业是交融的，数字内容产业比数字文化创意产业要大，因为数字文化创意产业只有七个细分的领域，现在的数字内容产业涵盖非常多。文化创意产业更多的是以网络、文学、动漫、游戏、VR 为主要的细分领域。今天出版产业数字化转型不仅仅是简单的数字出版转型，更是已经进入到数字内容领域。

三、数字经济时代传统出版企业在管理模式上的思考

数字出版从进化的角度看，从技术为王、内容为王不断进化到产品为王、服务为王。从消费需求的角度看，用户需要的是产品、服务，实际上技术、内容、产品、服务这几个要素都是互相交融的。从内容生产来看，之前我们更多地让作者提供内容的创作，然后出版社进行编辑，通过我们的渠道到达消费者。未来随着双向互动或者是大数据的发展，先要获取消费者的需求，再进行内容的选题策划，然后到内容生产创作。整个内容生产流向也会发生变化。数字出版增长动力方面，产品应该是从产品驱动转向市场驱动、需求驱动。今后产品、服务都是以消费者需求为出发点，以创造价值为目标，价值包括社会价值和经济价值，要实现双效益。

从路径来看，第一，内容永远是核心，是入口。第二，要构建连接。商业价值的多少取决于与多少有价值的客户建立连接，构建连接有效客户的路径来连接客户。传统出版业也好，包括媒体在内也好，最大的问题就是和用户、读者连接缺失，所以今天出版业可能由于行业的属性，特别是纸媒进入一个断崖式下滑阶段，我们也看到很多都市媒体停刊或者减版，进入比较困难的时期。因此，重新构建与用户的连接很重要。第三，依托平台才能聚合产品和服务，依托平台才能汇集数据。第四，对于数字经济时代而言，数据是一个很重要的要素。数据会成为重要的生产要素，会优化配置，为企业赋能。第五，合作，资源整合，快速补短板。内容、连接、平台、数据、合作，这五个层面是传统出版产业数字化转型重点关注的要素。在这种情况下，会形成自己的转型路径。我们一定要强调产品和服务，另外是平台和内容。对于中小出版单位或者有些出版企业来讲也可以依托第三方平台，通过第三方平台提供服务。但是对于一些垂直领域，需要自己构建垂直领域的平台，通过平台聚合产品，然后通过平台提供服务。

　　数字化转型有两个核心的支撑，即技术和数据。这两个支撑对整个转型来讲非常重要。创新技术会让出版全面数字化，数字经济也好，内容产业也好，其实可能都会面临数字化问题。原来更多讲信息化、业务流程数字化，现在讲数字化转型，这些都依托于数据，让整个出版产业全面数字化。未来的技术将成为数字出版的基础设施，会有专业机构、专业企业构建好基础设施，我们可能就在基础设施的基础上进行业务流程和产品服务的数字化转型。

　　数字化转型会受哪些技术的影响？云计算、大数据、人工智能对整个技术平台的构建影响非常关键。技术的应用会带来效率提升、成本降低。未来技术的应用更重要的是商业模式的改变。

　　越来越多的新技术应运而生。例如，教育出版中与数字教育相关技术的应用，其中包括自适应学习、智能推荐、自然语言处理等技术的应用。我们也看到一些大数据、云计算技术的应用以及移动技术不断地发展，随着互联网的访问速度越来越快，技术的逐步发展，都为数字出版产业带来很好的支撑。

　　还有与出版业相关的关键技术，其中之一就是 XML 排版技术，数字产品内容更多的是人工排版和加工，未来通过自动化排版技术，不需要再通过外包排版公司。未来几年或者十几年可能像当年淘汰铅字一样，很多的排版公司不会再成为合作方，排版问题通过自动化的技术来解决，并且可以实现除了纸书以外的包括电子书的数字产品的生成。再看云化，未来很多的平台都会变成云平台，例如学术期刊内容生产就可以通过 XML 云生产平台实现内容生产，不需要自己构建系统，每年根据自己的生产需要花很少的钱租用平台即可。还有协同编纂技术，未来的数字内容生产一定是全部数字化的，现在数字内容产品大部分还是在出版以后进行数字化的加工，将来通过协同编纂平台，可以从作者的内容创作和编纂开始，到编辑进行内容的编、审、校等环节，完全数字化的内容生产流程。未来这个平台也是云化的，大型出版集团构建一个私有云即可。中小型的出版社通过第三方构建云协同编纂平台，作为一种基础性的设施来使用，服务于内容创作和生产。

　　最后补充四点：一是数据对于出版很重要，可以通过大数据来构建产品画像和用户画像。现在大数据在我们整个图书营销、选题策划以及数字内容分发当中有了比较好的应用场景。例如图书营销，未来通过电商平台、互联网平台做分析来决定选题。二是数字经济新型管理，对于传统企业数字化转型来讲在原有企业架构下很难做成，未来的结构一定是扁平化的，做好孵化器。三是产品创新和人才创新，技术和人才要两翼齐飞。从外面引进人才，引进仅仅是一个方面，更重要的是存量人才数字化的转型。四是以产品为轴心实现全员数字化转型。

数字出版管理模式与体制机制探讨

◎ 中国农业科学技术出版社数字出版中心主任　邵世磊

　　摆在我们面前的是一大堆要考虑的事项，硬件怎么配置，知识体系怎么建，服务平台怎么搭建，云计算、大数据、知识服务等技术如何应用，以及人才团队怎样来分配任务，绩效考核、质量控制、外部合作等如何开展。

　　我设计了一个数字出版业务组织框架图，这个框架图把前面提到的那些要素基本都能梳理清楚了。这个框架图能解决三个问题。第一，目前出版社申请到数字出版项目，这些项目的建设内容雷同、重复，如何合并。第二，人员的问题，一个团队怎么分工，谁做公共部分、谁做市场、谁做管理等。第三，资金的问题，不管是出版社投资，还是市场投资，哪一块用在哪个地方可以产生巨大的效益，可以通过这样的组织方式得到体现，一共分成三部分工作。第一部分工作就是数字出版中心所做的中心工作，搭建技术平台，运营各个项目。这些技术平台都少不了买设备的钱、建规范和标准的钱、做内容加工的钱，还有建立服务平台的钱。实际上每个项目都有技术平台，应该抽取出来。第二部分工作是开发多少产品，立了多少项目，多少个团队在运行，每一个项目都以什么产品为核心去做。一个是潜移默化地培养核心竞争力的工作，简单地讲就是出版企业建设自己的内容生产线。以后出版社的地位要从文化中介变成文化中心，不管采用什么模式，出版社建立自己的内容生产线都是势在必行。另一个是核心技术创新，并不是要出版社研发技术，而是要把技术与我们的业务结合起来。第三部分工作是经营管理。每一项工作任务都很重，需要制定一套管理办法。例如，市场营销、技术创新、绩效管理都需要出版社做。

　　基础平台建设。第一个平台硬件设备该怎么来做。我们认为最方便的方式是做云，尤其是做混合云。现在有很多公有云，租一块就可以解决问题。然而若是内容资源都放到云上，出版社的资源就会失去优势。我们曾经召开过一个专家论证会，专门就硬件架构来进行论证，大家觉得出版社内部还是应该有一个私有云。私有云的创建技术现在已经非常成熟，把计算资源、存储资源和网络资源虚拟化后形成独立的资源池即可，后期跟公有云做一个有效的结合，就成了一个混合云。

　　知识体系构建。知识体系构建有一个模式，就是四步建法。第一是建专业分类；

第二是做词汇的筛选和自由词；第三是建关系；第四是测试、应用、修正、优化。其中建关系是最考验专家水平的地方。

标准体系构建。做标准体系应该是体系先行，然后标准在适当的时候去做，不能太早也不能太晚。

内容支撑。第一是全媒资产管理；第二是版权资产管理，这两部分一定要结合起来做。如果只做全媒资产管理，在变现时会比较乱。

做平台的概念是"厚平台薄应用"。现在每个出版社都有很多项目，每个项目去建一个平台，技术企业在建平台时都是从零开始，第一层、第二层、第三层、第四层。到最后会发现一堆平台无法往一块整合，或者是整合难度很大。如果从顶层设计来看，下部两层是可以共用的，后面的项目只做第三层即可。做项目要用很多软件开发的技术，在理念上也有很多项目管理和项目设计方面较为详细的要求。其中最重要的是一个平台要多方参与，咨询方、设计方、开发方、测试方、监理方均可以参与进来。

另外，关于盈利模式方面的思考。现在最热的是知识服务，到底哪些内容能够提供知识服务？以内容为王，这有点过于狭隘。出版物可以，没有经过出版的内容也可以；专家可以，用户也可以。人工智能能够推理出来用户需要的知识，这些都是可以用来变现成金融收益的。知识服务的场景与出版行业怎么来结合？我认为同样一个内容在很多种场景下可以反复应用。把知识管起来，将知识服务的源头用知识体系标记出来，标出内容、专家、用户、商品，可以把知识体系融入软件开发的逻辑算法、融入商业模式。另外，一个知识源可以有多个场景使用方式，可以互相串用，也可以释放不同的需求。

出版行业应该有一个基本统一的认识，未来不要被互联网公司取代。

数字出版管理体制机制创新管理实践

◎ 北京大学音像出版社总编辑　商鸿业

一、新媒体在出版中的应用

结合北京大学出版社的具体做法谈一谈新媒体在出版中的应用，一是微信公众号；二是微店营销；三是网络直播在出版过程中的应用。北京大学出版社有几个微信公众号，比较知名的一个是"博雅好书"，是文史编辑室编辑的，公众号里设定的昵称"博雅君"，围绕编辑室的图书做宣传，受关注度很高，在几个图书公众号排名中比较靠前。原来大家都用相同的模式，即写文章加一些图片。读屏时代只是用眼睛看有点累，所以最近加了一个特别推荐——音频。出版社要提供技术支持，原来在办公室里录，后来专门建了新的录音室。刚开始是直接播放录音，后来加了片头曲，逐渐尝试利用各种媒体形式。现在的手机"高带宽"、流量成本较低，利用这种新媒体，很个性也很亲民。其中的内容也是推荐出版社的书，但是它的知识面会扩张很大。微信公众号的内容还在逐渐扩张，以后如果有需求，我们也有可能会把作者请过来拍一段视频加进去。

微店销售，在公众号下面有教材介绍、样书申请、课件申请，还有微书店。这些直接与电子商务连接，包括京东网、当当网等。出版社还有官方微店，2016 年的销售额大概 100 万元。自己做微店有以下好处：第一，没有欠账。第二，收入增长速度快。从 2015 年年底到 2016 年年初开始办微店，收入增长很快，直接掌握终端客户。如果在其他的电子商务平台，就不涉及读者信息。但是微店不同，是出版社直接服务读者。销售中存在两个问题：第一个问题是线上线下如何结合，因为微店的送货还是需要线下进行，线下的配送公司肯定是选择第三方，而且需要第三方性价比高、投诉少且送货时间比较短。另外，微店的管理者几乎是 24 小时工作。一年 100 万元的销售额应该还算可以，但不都是出版社直销的。其他出版社开了官方微店，或者其他人在网上开了微店，我们可以相互分销，一年的销售额在 100 万元其实分销几乎占了一半。

网络直播，在斗鱼、腾讯平台我们都做过直播。在教材互联网方面，工科的教材做得比较好。刚进入市场，教材的数量比较少。出版社出版了一套"互联网＋"方面的书籍，和编辑部的媒体编辑一起合作做网络资源，推销图书。现在的新媒体我们都用到了，而且也有了效果。网络直播、微店、微信公众号以及互联网教材都有涉及。工科的教材特别是一些建筑类的资料，我们要求作者准备或者我们花钱、作者指定制作二维码。在公众号二维码扫描进行销售对教材的销量有明显提升。

二、智库建设

关于出版方面的智库建设，我们有多个方向可以延伸，出版业如何配合国家"一带一路"倡议？北京大学出版社的《中华文明史》比较知名，经常作为礼物送给外国贵宾。出版社将《中华文明史》译成了英文、日文，还译成了塞尔维亚语。从管理层面、具体执行层面怎么和这些"一带一路"沿线国家出版业进行对接，智库可以提出来。在埃及、以色列可以建实体书店。但是我认为和其他国家合作建设网站是双语种的，例如，中文、塞尔维亚文，这边提供资源，那边可以网上看到，可以充分利用网络跨地域的优势。我认为出版业如何配合"一带一路"倡议肯定是智库建设的一个重点研究方向。

另外，关于民间资本进入出版行业，智库建设时可以提前进行研究。民间资本如何进入行业，如何促进行业的发展，是一个研究方向。从出版的角度出发，应该反垄断。因为中国的数字出版产业是一个广义的数字出版，包括网络游戏、网络动漫、网络原创文学，集中度较高。行业发展到一定程度，如果垄断过度，对中、小、微企业是很不利的。数字出版行业的发展非常快，特别是这几年。如何反垄断，值得深入研究。

三、广义数字出版和狭义数字出版的解构

广义的数字出版把网络文学、网络动漫、网络游戏均包括在内，2016年数字出版5720.85亿元产值中，网络游戏占了827.85亿元，网络广告占了2902.7亿元。狭义的数字出版是我们经过三审三校的内容出版，我认为这是狭义的。出版人要从传播学的角度对内容进行把关、筛选、甄别。作为一名编辑，图书选题不是随便做的，是在读者和作者之间搭起桥梁，承担着文化、传播和积累，所以责任非常大。狭义的数字出版怎么解构，与广义的数字出版相比，狭义的数字出版的价值是不是就小了？我认为不是。现在出版形势很好，国家在资助一些项目，我们要让项目的钱花得有价值，不要重复、不要浪费。这就是我对广义数字出版和狭义数字出版的理解。

大数据在海洋出版领域的应用探索

◎ 海洋出版社数字出版中心主任　江　波

　　海洋出版社的数字出版工作主要从两个方面开展：一方面作为数字出版部门要开发产品，叫作"数字出版＋"；另一方面要为整个出版社数字化的流程再造、智慧出版提供服务，加强能力建设。最终的融合应该是整个编辑部门或者传统编辑向产品经理转型。

　　对海洋出版社来讲，历史积累不是很多，资源体量不大，总的体量只有三五千种图书，做数字资源变现有一定难度，因此必须考虑转型，往前多探几步。2015 年上半年，我们去爱思唯尔北京总部交流，当时对方给我们展示了一本 100 多页的彩色报告，这个报告是关于医学领域数据分析的，报告价值 100 万元。它给我的触动非常大，说明爱思唯尔关于大数据方面已经进入应用阶段，已经基于数据在做深度挖掘，使人看到了知识的价值，而这个报告表明，知识的价值不是传统出版所拥有的价值，它具有高附加值。如果专业出版领域能往这方面靠，就有望实现从传统内容提供商向信息服务商转型。

　　国内现在开始大力发展大数据产业，而且涉及海洋部分的数据将开放共享，我们现在应该抢先布局，在海洋领域把相关的数据进行采集，在信息服务方面抢先做一些探索。2016 年，海洋出版社申请到一个项目，关于大数据在海洋知识服务领域的运用。我们便开始组织一些海洋专业的在校研究生，将中国海洋学者在国内外涉海学术期刊上发表的文章信息进行了采集，此外还包括图书信息、基金信息、专利信息等，这个数量已经超过 10 万条。基于这些信息我们做了数据处理，并在此基础上搭建了大数据平台，现在这个平台已经上线。我们的想法是要把海洋领域国内的学者所有发表的文章全部采集，涉及中英文期刊总量将会超过 1100 种，国内的海洋领域学术成果基本都可以采集到。但是我们不能仅仅了解国内的东西，国际上有多少家海洋机构，有多少知名海洋学者，他们做的所有关于海洋的学术论文都要进行采集。目前，市面上有一些自动抓取的数据采集系统已比较成熟，但也存在一些问题。我们出版行业要做这方面的采集工作需要有三个方面的抓手：第一，关注重点机构；第二，关注重点人；第三，关注重点领域。如果缺了这三个方面，数据采集是做不好的，数据量可能不够，而且还会有偏差。所以我们前期的解决办法是以人工的方式做一个梳理，后期争取以自动抓取加人工校验的方式来解决数据采集的问题。

关于大数据方面的工作，初步考虑从以下几个方面入手：第一，要采集国内外海洋学者的文章、图书、专利、项目等信息，进一步丰富、完善相关数据库。要重点瞄准国内外重点领域的海洋学者、海洋机构、海洋研究方向。第二，现在我们对智库建设并不擅长，模式还需要再创新，海洋领域已经有很多智库。我们的想法是为智库提供服务。我们负责做数据的采集、开发数据挖掘的工具，做智库的"智库"，结合内容资源，切入用户业务场景，做大数据知识服务。第三，现在"双一流"大学评定出来以后，很多高校之间存在着竞争和比对，我们做这方面的工作正好可以对各个高校相关领域做一个基于成果的大数据分析和判断。

我希望能够把海洋领域所有图书资源进行整合，我们也愿意把所出版的其他学科方面的资源拿出来跟其他出版同行进行资源交换，促进共同发展。

下半场点评

◎ 点评人：贵州出版集团数字出版中心副主任　张忠凯

第一位演讲人是蔡健副主任，他的题目对我们来说是一次全新的学习。我们自己做的内容涉及侵权需要维权时，虽然不需要具体去做，但是我们应该知道涉及哪些法律，而且我们应该知道去找哪些部门，总结很全面。他直接从实操的层面讲到约束越来越多的情况下怎样进行数字出版产业有效维权。

第二位演讲人刘长明副总裁是最早进入数字领域的技术商，他所在公司也是最早解决技术方案问题的公司。刘长明对数字经济给出了很准确的定义，提出移动互联网和互联网发展趋势，提出现在应该是从技术为王、内容为王到产品为王、服务为王。如果我们把技术、内容、产品比为"王"字的三横，那串起来的一竖就是服务，如果真正提供了客户认同的服务，这样的产品才有价值。

第三位演讲人邵世磊主任是我的同行，一开始他是站在数字出版中心主任的高度指出了我们的痛点，也给出了具体的业务组织框架。他告诉了大家最关注的点在哪里。如果你是技术商，别再拿厚厚的技术文件给出版社领导，他可能更感兴趣的是产品的实际应用效果。如果是学生，你需要做的是关注数字出版的实际应用过程，即体系先行的情况下更注重实际应用效果。

第四位演讲人是商鸿业总编辑，我们下一步就是传统出版和新型出版的融合，把内容做好，然后由数字出版部门把技术做好，两者之间其实谈到的是一个出版社的传统部门和信息部门融合的问题。

最后一位演讲人是江波主任，他讲的也是实操方面的内容。如果基于大数据的内容报告，我们不是卖纸，我们卖的是真正的内容，不是完全以纸张进行定价的。在大数据领域，做数据采集和挖掘工具，从产品供给侧入手，着重于垂直领域的产品服务细分，这是专业出版社布局大数据时应该考虑的。

高校智库分论坛
——新兴出版（AI出版）

牵头单位：南京大学

参加单位：新闻出版传媒高校、新闻出版机构、综合性高校新闻出版
传媒专业

主 持 人：吉林工程技术师范学院文化传媒学院院长　陈少志
南京大学出版社副主编　薛志红

点 评 人：中国少年儿童新闻出版总社数字出版中心总监　郑立新
北京印刷学院新闻出版学院副院长　李德升

2017年10月15日上午（08:30—12:15）

知识服务——大学出版社转型升级的路径选择

◎ 南京大学出版社社长、总编辑　金鑫荣

大数据时代，颠覆了人们获取知识、信息的方式。海量的信息数据，知识集群，要依赖数字化的知识服务平台来完成。同时，出版社作为知识生产者和使用者之间的介质载体，也需要实现对传统出版业的产业延伸，以知识服务来提升知识传播的方式，实现出版产业的转型升级，对新时期的出版产业结构调整来说，这已经是大势所趋。

知识服务本身是互联网时代的一个新概念，其确切的含义是指借助互联网技术，对知识集群、知识体系、知识类型等通过按学科、分类型、找主题等方式可查、可逆的知识获取方式。这是一种全新的知识获取方式，是人类印刷革命发展以来一个重大的技术变革，人们可以借助以互联网为依托的知识服务体系便捷地获取个体所需要的知识。可以形象地说，知识服务是浩瀚的知识海洋中的航标灯，是无垠的知识星际天空中的启明星。它对具有专业、学术属性的大学、图书馆、专业知识群体乃至个人的知识获取具有极其重要的意义。

大学出版社三十余年的发展和积累，在学术出版和专业出版领域已经成为中国学术出版和专业出版的中坚力量，它们整理、集聚、出版了一大批优质高精尖的学术精品，它们分别成为出版社的文化"压舱石"，弥足珍贵。进入新时期以来，我们一方面倡导回归学术，回到学术出版的本愿；另一方面，在互联网时代，互联网＋出版，融合出版、知识服务、转型升级成为我们共同需要思考的问题。尤其是知识服务应该成为大学出版社转型升级的路径选择，其必要性体现在如下几方面。

一、突破传统知识生产、传播的瓶颈，实现知识传播最大化的需要

传统知识出版提供的是个体化的自主需求，纸质载体的知识容量、传播方式有其本身的局限性，只能通过点对点的对接，而互联网已经将世界联结为一个整体，消除了知识的信息孤岛，达到了点对面的聚能辐射。互联网时代，数字图书馆、知识数据库、图书的各类电子资源成为知识储存和服务的方式。大学出版社专业性强、学术图

书种类多，但因为只是服务于专业读者，一般印量极少，有的甚至成为"孤本"，以致产生"众人寻他千百度，那书却在灰尘弥漫处"的尴尬，学者想要的书找不到，而出版社则找不到欣赏书的"慧眼"，于是乎作者青灯黄卷、苦心孤诣撰写的力作，编辑费尽心思、努力争取得来的"宝贝"就这样被束之高阁，而借助互联网技术建立知识服务方式，即可破除这样的迷局，让大学出版社经营中遇到的"短板"，成为知识服务的"长尾"。

互联网已经将世界联结为一个整体，消除了知识的信息孤岛。事实上科技知识的获取和应用已经百分百的 Online，也就是在线获取。知名的出版商如爱思唯尔、施泼林格以及《自然》《科学》等顶尖科学杂志也是如此。人文社会科学的知识集群，也需要通过数据库来完成，如哈佛大学教授包弼德的《中国历代人物传记数据库》（CBDB），囊括中国古代 300 万条人物的数据，而且厘清了几万个人物之间的逻辑关系，如果要靠传统的纸质文本是很难完成的。

大学出版社的本质是学术出版。创一流大学、创一流学科，还需要创一流大学出版社。欧美的顶级大学出版社，如哈佛大学出版社、牛津大学出版社、剑桥大学出版社、芝加哥大学出版社、普林斯顿大学出版社都十分注重学术资源的数据库建设。中国至少应该建立十家主要大学出版社来从事学术资源的知识体系服务商。有特色、分类别、按学科体系建设知识服务平台。对分散在各个出版机构的学术知识内容进行集中、整合、建构、分析，建立健全具有中国特色的学术话语体系、学术评价体系，打破知识壁垒，消灭信息孤岛，实现知识共享。

二、凸显大学出版社专业学术出版服务的需要

欧美的出版社按出版内容、发行渠道一般可分为商业出版社、教材出版社和专业出版社。大学出版社一般都是专业学术出版社，例如，哈佛大学出版社、剑桥大学出版社、普林斯顿大学出版社、哥伦比亚大学出版社等；中国的大学出版社经过几十年的发展，其出版的内容边界也越来越鲜明，专业特色越来越清晰，例如，北京大学出版社、南京大学出版社、复旦大学出版社、浙江大学出版社、广西师大出版社的人文学术，中国人民大学出版社的社科学术，北京师范大学出版社、华东师范大学出版社的教育出版等。

从文明的传承来看，印刷的书籍承担了古人的"知识服务"的作用。尤其是一些大型类书，就像是当时人的"知识库"，如宋代修撰的《太平御览》《册府元龟》《文苑英华》，明朝修撰的《永乐大典》，清朝修撰的《四库全书》等，传承了中国的学术文脉；现代人花费几十年时间撰编的《辞源》《辞海》《大英百科全书》则是现当代人修撰的集大成式的巨著，成为学者们的案头必备之书。但随着时代的更迭，现代科学的发展可谓日新月异，知识爆炸、海量信息使人无所适从，因为现代科学的知

识细分、学科多元、跨学科知识的交互重叠，如现代的人文社会科学有 27 个学科，数百成千个专业；自然科学有 7 个大的分类目录，专业的分工更为系统、复杂，靠人的自然记忆或者单靠这些类书、辞书、工具书、专业书已经远远不能满足学术研究的需要。现代学术研究，海量的知识储存、知识更新、知识积累需要以一种"全天候式"的查询、阅览方式提供精确的知识聚焦，这只有借助互联网才能做到，而大学出版社恰恰具有独特的专业出版知识储备优势，所以大学出版社一定要抓住这个只是服务的"命门"，牢牢抓住自己的学科特色，提供专业的学术出版资源。

三、建立中国的学术话语体系、掌握中国学术话语权的需要

现代的自然和人文社科学术体系是在西方的学术语语体系下传播的，近现代以来中国学术界、出版界、知识界一直是学习者、模仿者，现在我们要建立具有中国特色的文化自信，首先必须建立中国的理论知识体系，而建立中国自主的知识服务平台是学术界、出版界的重要使命。国内高校的自然科学研究成果，例如 SCI 论文，绝大部分是在境外的学术期刊发表的。相关数据表明，中国现在已经是自然科学论文、专利、发明等重要成果发布的第二大国，我们的科研投入也达到了占国民经济总产值 2.6% 的创世纪水平，中国正在由制造大国向科技大国的历史性转变。但遗憾的是由于历史的原因，我们大多数自然科学学术成果是在国外发表的，国外的出版商再以高价销售给国内的图书馆和研究机构，结果我们因果倒置，用了自己的力种了别人的田，形成不合理的知识贸易"逆差"，就是因为我们没有建立起完整的知识发布平台和知识服务体系。

鉴于此，我们认为大学出版社必须根据所担负的职责与使命、任务与要求，尤其是从自身经营的角度，真正把"知识服务"作为实现产业转型升级的路径选择。我们认为可以从以下几个方面入手。

1. 建立专业的数字内容集群，分类别、按学科建立专业内容数据库

国家新闻出版广电总局数字出版司已经前瞻性地意识到了内容数据库建设的问题，为落实《国家"十二五"时期文化改革发展规划纲要》中提出的"国家知识资源数据库工程"的建设任务，有效聚集专业领域数字内容资源，开展分领域的知识服务平台建设，加快国家知识服务平台建设，推动国家知识资源服务体系建设。2015 年 3 月，国家新闻出版广电总局启动了"专业数字内容资源知识服务模式试点"工作，征集并确定了 28 家出版单位作为试点单位参与试点工作。从资源采集和管理、知识资源组织、知识应用服务等方面提出了详细的解决方案。专业内容数据库内容建设应该是大学出版社数据库建设的核心要素。除了专业内容数据库，还可以根据特定知识服务客户的需要建立专门的、有特定客户对象的知识库构建。在此基础上，大学出版社还可以联手高校图书馆，建立学科化的知识服务模式。按照教育部以及其他行

业主管部门提供权威的学科评估报告，从分析高校出版社、图书馆的知识服务入手，以学科为基础，依靠高校的资源和人力优势，针对用户在知识获取、知识选择、知识吸收、知识利用、知识创新过程中的需求，对相关学科专业知识进行搜寻、组织、分析、重组，用户服务，通过建立学科资源库、学科导航平台等方式为师生提供专业化服务构。

2. 建设知识服务的平台与架构

专业内容库建设是知识服务的基础，服务平台和架构建设则是知识服务的逻辑关系的梳理。因为专业知识内容的差异性导致平台和架构建设的不同特征，但其核心内容应该是同质化，知识服务平台体系架构由知识组织体系的软架构和物理设计的硬架构两部分组成。知识组织体系架构是基于本体的对知识内容、体系的总体设计，实现了知识的存储和使用；物理架构是在组织体系的软架构之上，根据平台的需要实现知识库内容的物理及内外网分离，如应该在"基于本体的知识加工系统""知识库构建与维护系统""基于本体的全文检索系统""重点信息采集与分析系统"等方面加强建设，如顶尖杂志《细胞》建设的各类重大疾病数据库，全球共享，利济苍生；国内出版社也纷纷根据自己的特色建立独有的专业数据库，如南京大学出版社建立的"中文学术图书引文索引数据库"（CBKCI），就为中文学术图书地建立了一个客观、科学的评价体系。

四、大学出版社社转型升级路径选择的需要

新时期的大学出版社，应该赋予新的文化使命和学术担当。回归学术本体、回归出版本原成为新时期大学出版社的共同呼声。融合发展、创新发展成为行业发展的必然选择。大学出版社应该紧紧抓住互联网＋出版、转型升级的时代机遇，积极拥抱知识服务，建设更多、更好的知识服务体系，从而为自身的发展趟出一条新路。

新技术催动出版业变革

◎ 北京聚能鼎力科技股份有限公司副总裁　范　淼

新技术和新设备改变了用户习惯，用户使用场景整体也在发生变革。在2017年 BIBF的高峰数字出版论坛上，亚马逊分享了部分数据：第一，从2017年开始 Kindle 在中国的销量已领先北美和欧洲；第二，Kindle已吸纳50万册数字图书，但远低于 我国现有图书总量，这说明现有图书数字化进程亟待加强；第三，虽然国内少数重点 出版社在数字化出版领域已可做到纸电同发（纸质书和电子书同步发行），数字化出 版率已达到70%，但大部分出版社数字化进程依然缓慢。对于专业化书籍的电子化 发展，从 Kindle 公布的资讯来看，一方面，Kindle 已和国内上百家图书馆进行数字 借阅方面的合作，允许个人用户向图书馆借阅专业数据电子资料。另一方面，受到学 习中文热潮的影响，海外华人的阅读需求提升，由于纸质学习资料购买困难，导致 Kindle 的海外用户对于中文学习资料类型的电子图书兴趣颇高，这将成为中国文化 "走出去"不可错过的机遇。

中国新闻出版研究院发布的数据显示，电子阅读的国民使用率在2014—2016年 从58.1%上升至68.23%，同一时段图书阅读比率也呈现了相对稳定的小幅增长。腾 讯用户每天在微信上消耗的平均阅读时间已达26分钟。报纸、期刊阅读率下滑严重， 而电子阅读却飞速上升。越来越多的用户更愿意利用碎片化时间使用手机客户端或 Kindle 进行阅读。

在2017年国家文化产业创新实验区高峰论坛上，清华大学新闻学院院长、第 十二届全国人民代表大会教育科学文化卫生委员会主任委员柳斌杰提出当前在网络文 学和网络游戏方面有过分庸俗化的问题，质量不高的游戏内容仅在部分地区有影响 力，很少能走向海外。国家发展和改革委员会秘书长范恒山提出"四个亟待"的问 题，分别是文化产品、内容、版权收益、优秀人才的亟待发展增强。综上所述，作为 数字出版运营商，我们需要避免类似某些 App 仅靠标题诱惑、内容空泛低俗的推广 方式。另外，腾讯和阿里所主导的用生态赋能内容创造也在积极推动内容产业发展。

北京聚能鼎力科技股份有限公司（以下简称为聚能鼎力）创立于2010年， 2015年挂牌新三板，被认定为新三板创新层优质企业，并且是腾讯认证的优质投后企业、腾讯青腾创业营第二期成员企业。

目前，聚能鼎力主营业务有三方面：一是通过智能分发与运营平台，向移动互联网用户提供数字版权内容服务，其中包括手机图书、游戏等各类优质版权产品；二是为各类内容提供商提供基于精准推送的手机智能发布服务；三是打造线上线下融合的新阅读体验空间。

近十年以来，我们以 2011 年独立研发设计的 DPE（Digital Publishing Ecosystem，可以翻译为数字出版生态系统）自动化数字内容转换工具为基础，为出版社提供全面快捷的一站式数字出版解决方案。通过格式转换和发行对接，聚能鼎力帮助出版社将版权产品分发至各个渠道，包括移动运营商、亚马逊、门户读书频道、独立阅读App 等多种平台，解决了内容适配难度大、渠道投入高的痛点。针对出版机构担心的版权被盗版的问题，也通过设置电子标签的方式，尽最大力度做到各个渠道发行中的防盗版监控与保护。从 2012 年聚能鼎力开始帮助有质量的内容进行海外发行，包括做数字化对海外的传播，助力我们的"文化走出去"。

2017 年，聚能鼎力与中国少年儿童新闻出版总社、国土资源部直属中地数媒（北京）科技文化有限责任公司陆续达成战略合作。聚能鼎力与中国少年儿童新闻出版总社除围绕图书版权文件的数字化技术加工、渠道上架维护、渠道优化进行合作外，还将开展科技文化创意、文化大数据、版权大数据、新形势下的数字出版服务。而与中地数媒（北京）科技文化有限责任公司展开基于图书版权的大数据出版、图书版权的游戏改编与影视改编，以及利用人工智能与大数据技术探索线下实体阅读与图书销售新场景、青少年科普教育项目、基于 AI 人工智能技术的出版大数据平台开发等合作。

相较于传统发行，数字出版带来的 IP 运营、产业链价值开发无疑对传统出版社更有意义，除了推动 IP 影游改编、开发有声读物之外，精准广告营销也是有力的版权价值变现方向。

当前版权销售模式正在变化，旧的销售模式仅指卖书，但是出版企业在卖书的过程中努力把读者变成用户，一旦成为用户即可挖掘其他价值，以网络文学的读者为例可以根据收集的客户阅读喜好，精准推送相关手游及广告。创立 7 年多来，聚能鼎力积累了 1900 多万用户在内容喜好、阅读场景选择、阅读时长等行为方面的详细行为数据，并将从原始数据到转化成用户个性描述的计算和分析过程一步步完善。通过不断比对与迭代，聚能鼎力已初步掌握了针对用户个性化需求，进行较为精准的内容推荐算法，即聚能鼎力自主研发的用户行为智能画像分析技术和相应的数字版权内容的个性化推送服务。另外，就是在数字内容分类处理上。例如，针对图书来说，聚能鼎力通过大数据技术分析所有版权内容，包括图书、影视、游戏等，通过用搜索引擎的方式对图书所有内容进行分类，分析关键词密度，从而将数字内容精准归类处理，利于传播发行。2013 年我们更新了大数据分析系统，可以在做分析归类的同时去掉一些无意义的关键词，侦测敏感词汇，更好地完成上架投放和精准推送任务。

我们可以通过了解用户的阅读时间、阅读喜好甚至是阅读速度，在推送数字内容的同时再把所有的信息通过机器学习的方式迭代回数据库，为其购买的那本书加上更精细化的标签。

所有收集的数据可以服务几方面，一是为作者、版权经纪人提供销售报告；二是为影视公司挖掘影视改编价值和游戏开发公司挖掘游戏改编价值提供数据报告；三是为游戏商和广告商提供精准推送的数据支持。

领先的大数据平台是聚能鼎力的核心竞争力。与中地数媒（北京）科技文化有限责任公司、中国少年儿童新闻出版总社能够达成合作，背后是我们不断加大对研发的投入力度。聚能鼎力技术研发的不断投入促进艾美阅读相关的数字版权大数据平台的核心技术实力进一步加强，包括大数据负载能力提升、用户个性化肖像绘制能力提升、机器学习技术模块的升级等。

作为腾讯投后企业，聚能鼎力通过与腾讯科技等行业内领先公司的市场合作，把握住智能硬件对数字阅读，特别是亲子阅读、教育阅读市场的新机遇。以腾讯旗下各大内容入口、流量入口（微信、QQ）以及整个内容生态里的QQ音乐、微信读书、QQ读书等板块为基础，整合内容，改编环节（包括QQ视频以及游戏、影视、动漫等腾讯互娱板块），从而为整个内容产业赋能。同时，对出版业领域的业态进行了拓展研究，并且推出位于通州的聚能鼎力·新阅读空间。如果说传统实体书店是1.0模式，书店+咖啡馆是2.0模式，Amazon Book是3.0模式，那么聚能鼎力·新阅读空间则创建了集合阅读、K15基地、科技体验中心和教育四大模块的4.0书店模式。阅读模块中导入电子书、纸书阅读，并与AR出版物相结合；在K15基地引入儿童演讲培训；在科技体验中心模块引入美国STEM教育模式，从小培训孩子们解决问题的软件、技术、工程、数学素养；在教育模块，与腾讯投资的AI智能题库项目易题库合作，解决孩子放学后家长不能及时接走的时间空当中的课后学习问题。

综合上述数据报告，数字阅读带来的巨大机遇毋庸置疑，传统出版业如何抓住数字化红利才是更值得去探讨的事情。

政校企协同推进出版传媒智库的建设

——上海出版传媒研究院的探索实践

◎ 上海出版印刷高等专科学校规划与科研处处长　罗尧成

对于出版领域来说，技术的推动提供了新的发展契机。对于高校智库或者是类智库的平台，该怎样面对这一机遇，我谈谈上海出版传媒研究院（以下简称"研究院"）的探索实践。

研究院是经上海市新闻出版局批准成立，旨在上海搭建出版研究高地，推进上海建成文化创意城市，并服务行业转型升级的研究机构。研究院由上海出版印刷高等专科学校（以下简称"学校"）规划与科研处具体组织运行，聚集多方优质资源，搭建开放式协同研究平台。在具体运行上实施任务聚散的运行机制，目标是建立一个开放式的、协同创新的行业领域专业智库。

一、研究院的概况

2013 年 3 月 29 日，上海市新闻出版局副局长为研究院揭牌。2013 年 11 月 6 日，邀请了相关出版社的领导和行业知名专家、高校专家对研究院建设发展进行论证与咨询。我们的建设理念和大多数智库一样，是要做成新型智库并要具有国家战略眼光，在文化产业高速增长以及学校新的 60 年转型发展定位等背景下提出来的。学校建立于 1953 年，下一个 60 年该如何发展，根据上海市对学校的建设规划定位，学校要建设成为一所特色鲜明的应用技术型本科院校。要实现办学层次由专科向本科的提升，建设研究院这一智库平台是重要的一步。我们的目标是把研究院建设成为出版印刷传媒优秀专业人才集聚的开放式研究平台，国内出版印刷传媒业公认的决策咨询平台，出版印刷传媒高层次人才培养、培训的示范平台。平台建设的理念是"协同、开放、创新、卓越"。主要定位包括三个方面：一是政府政策研究；二是企业战略发展咨询；三是行业的新技术研发。研究院功能设置包括四个方面：一是研究；二是人才培养；三是培训；四是第三方评价与评估。

二、研究院的体制和运行机制

虽然学校教职员工编制数有限，但学校集聚全校力量建设研究院。研究院在管理体制设计上，由学校校长和书记兼任院长，下设执行院长和副院长。研究院与学校《出版与印刷》杂志建立密切联系。我们这个平台虽是学校的二级机构，但在很多方面和学校并行的机构，运行体制可以充分调动学校资源，同时发挥集聚校外资源的功用。

研究院在组织设计上实施以项目为载体的运营。我们筹划在研究院内建立专题研究中心，以项目为载体推进相关的工作。目前，学校已经建成五大创新团队，形成了独具特色的科技服务工作定位。

研究院近四年的建设发展历程是政校企协同参与研究院建设的过程。2012年，由学校建立校企合作理事会，后由学校牵头成立上海新闻出版职教集团，再到后面成立长三角新闻出版职教创新联盟，通过这些协同创新组织的建设，有力地推动了研究院的建设。研究院既有智库的功能，又有技术研发的功能，我们在2016年实现了重大突破，我校与富林特（上海）集团有限公司、上海印刷技术研究所共建的国家新闻出版广电总局重点实验室正式立项。

研究院实施的是虚实结合的组织架构、项目制的运行模式，强化学术载体建设，已形成产学研结合、多学科融合的项目运行机制。研究院的建设与探索被列为学校深化教育综合改革的实验项目。

三、研究院的具体措施和成绩

我们以重大项目研究为载体，打造研究院的核心竞争力。研究院直接参与了上海市数字出版"十二五"规划编制工作，参与了我国第一个数字出版基地的策划方案编制，即"张江国家数字出版基地建设方案策划"。最近几年，承接了中央财政支持地方高校发展专项资金项目——"出版传媒产业大数据平台建设"，对于这一平台的建设，我们初步的想法是通过生产性数据库、专项数据库以及教育数据库的建设，逐渐培育出研究院的核心竞争力。出版传媒产业大数据平台的一期建设完成了许多数据的积累，二期建设开展了数据的可视化工作，还开发出多个数据分析功能，建成相应的平台，如图书出版电商的及时数据采集与在线的电商平台等，实现了对在线图书的分析研究。

在重大项目上，研究院承接了国家的"数字版权保护技术研发工程"国家重大科技工程项目。此外，还承接了国家新闻出版广电总局的部分重点项目，如新闻出版投融资体制改革、重点出版物的规划评估等。研究院的几名研究人员仅在2014年就承担省部级及以上纵向项目5项。我们还联合部分企业一起申报具有产业性质的项目，成功获批"上海市促进文化创意产业发展财政扶持资金项目——"大学生社会化内容生产创筹平台"，这个平台通过"创意设计众包""创新要素众筹""筑梦空间众创""创业氧吧孵育"四大模块为行业做出贡献。研究院撰写的研究报告入选上海市相关研究的系列蓝皮书。研究院非常注重学术氛围的营造，召开了多次专家报告会、专题研讨会，举办了上海多家有影响的学术出版社负责人参加的"协同创新、跨界融合：学术出版转型发展"研讨会。研究院注重与行业龙头企业的合作，其中包括沪江网、上海世纪出版集团。另外，我们聘请业内知名专家作为特聘研究员。我们还利用学校下拨的经费设立公开招标课题，面向全国高校和科研机构发布。2014年我们进行了第一期课题招标工作，申报人员来自上海交通大学、中国传媒大学、北京师范大学等。我们期望为整个出版传媒领域建立协同创新的平台，通过平台的搭建聚焦研究力量，实现相应学科专业领域的创新。

四、研究院的建设与发展思考

高校的智库建设重点要解决四个问题：智库的建设方向问题，智库的建设载体问题，智库的成果应用问题，智库的专家队伍建设问题。对于上述问题，我们的思考如下：第一，每一个智库机构的人员有限，所以只能聚焦某些领域，在特色研究上取得成果，在某一领域做到国内一流，把垂直领域做好，就能获得深层次、长远的发展空间。研究院通过这几年的建设，逐渐形成了出版传媒教育，文化创意产业新兴业态研究，互联网背景下的开放式创新等特色研究方向。第二，建设载体，研究院在学校层面以学校专业群为载体，建立了五支各具特色的创新团队，创新团队的建设方向与研究院的发展方向一致，学校每年下拨给创新团队一定的建设经费，创新团队的建设有力地推动了研究院的建设。此外，对于研究院承接的"大学生社会化内容生产创筹平台"，目前正在进行深化建设。研究院也在筹划发布第三方人才需求报告以及行业发展指数报告，同时准备申报更高一级的智库建设项目。第三，作为智库，同时也承担着为行业转型升级服务的职责，在这方面，研究院联合行业专家进行了一些探索。例如，我们进行业务平台的建设，智能搜索平台的开发及反向团购平台的建设，大学生社会化内容生产创筹平台项目的运作等。通过这些项目的推进，更好地服务于出版行业的转型升级。第四，研究院智库的研究成果实现了与期刊、研究报告之间有效对接。学校主办的《出版与印刷》杂志为实现智库研究成果与出版的对接提供了便捷通道。

此外，最为重要、关键的，就是一定要通过多领域的来源、多形式的聘任、多渠道的支持，聚集来自政府、行业企业、高校各方面的研究力量，打造研究院知名的行业专家库，为上海出版传媒研究院战略目标的实现提供有力的智力资源支持。

上半场点评

◎ 点评人：中国少年儿童新闻出版总社数字出版中心总监　郑立新

　　金鑫荣社长在大学出版社回归学术的本质、建立中国的学术体系以及知识化转型方面做了很好的阐述。南京大学出版社在高等教材出版以及高品位的学术专著和传统文化出版方面独具特色。印象特别深刻的是 20 世纪 90 年代，匡亚明校长策划的 200卷《中国思想家评传丛书》在南京大学出版社出版，在海内外引起了很大的反响。现在他们又在《中国思想家评传丛书》的基础上，开发中国思想家数据库，在知识服务方面做了很好的探索。知识服务首先是一种观念，一种认识和组织服务的观念。从观念上来说，知识服务不同于传统的信息服务，这主要表现在知识服务是用户目标驱动的服务，关键的焦点和最后的评价不是我是否提供了你需要的信息，而是通过我的服务是否能解决你的问题。所以，面向知识的服务也是面向增值服务的服务。希望南京大学出版社在中国思想家数据库建设中取得好的成绩，通过增值服务为用户解决更多的问题。

　　北京聚能鼎力科技股份有限公司的范淼副总裁为我们做了新技术推动出版业变革的演讲。新技术其实不仅推动出版业的变革，也推动整个社会的变革。从计算机到智能手机，从互联网到移动互联网，从门户网站到社交平台，我认为读者的学习、生活、阅读方式发生了根本变化。新技术对传统出版业的影响是显而易见的，传统出版单位在数字转型中做了很多努力，但是传统出版社在与互联网公司合作和竞争中总是感到力不从心，我们的数字出版内容总是表现出不合时宜，跟不上时代节奏的感觉，在经济上很难变现。而聚能鼎力展示了他们的解决方案，为传统出版社数字出版的解决方案、解决变现新途径提供了一种新思路，希望实践起来大家都能获益。

　　上海出版印刷高等专科学校的罗尧成处长为我们分享了上海出版传媒研究院的经验，他们要建传媒出版领域的智库和研发机构，希望对智库有所借鉴。

VR 与数字传播

◎ 安徽诺尔动漫科技有限公司董事长　孟凡安

VR 又叫虚拟现实，它是利用计算机和其他智能计算设备，模拟三维空间的人工智能环境，提供视觉、听觉和触觉的用户感受，通俗地讲可以"无中生有"。利用音频设备、视频设备传输给体验者，体验者在体验过程中，会有一个不透明的设备，我们称为 VR 头盔，通过这个设备我们看到的音像是完全沉浸的。VR 的价值在哪里？主要是将视、听体验带到一个全新的高度。VR 有几大特点：第一，显示方式的净化，VR 可以打造完全沉浸的场景；第二，视觉的"欺骗性"，VR 可以达到一种穿越任何时空的效果，其中包括身临其境的感觉；第三，VR 加了 3D 的音效；第四，VR 具有交互性。其中，VR 最主要三个特点是沉浸感、交互性和视觉。目前，VR 体现的多是沉浸感，交互性很少，这可能是 VR 遇冷的原因。

从 2015 年开始到 2016 年，国内在各大商场里出现了 VR 体验店，高峰时达到7000 多家，但至今大概只有 2000 多家。我们被称之为 VR 行业消费者教育的"先烈"。导致出现这种情况的原因：一是内容的问题；二是硬件设备的问题。下一步怎么发展，就是大空间动作捕捉，每个体验者都成为第一人称，因为第一人称才有价值和意义，这是未来的发展方向。

为什么 VR 体验店从 7000 多家减少到 2000 多家，这与 VR 的内容制作相关，换句话说，让客户体验什么？客户需要什么样的体验？VR 深度体验带给我们的知识和学习这方面几乎是没有的，或者很少。原因是什么？掌握 VR 技术的公司基本上都是做计算机技术的，对于历史文化、科学知识掌握的程度非常有限。所以，理论上他们做不出或者很难做出吸引消费者的内容。互联网时代背景下，要实现上述目标，VR内容的开发要求的是要跨界人才。作为出版行业来讲，掌握大量经典的 IP，这些 IP用传统的呈现方式就是文字、书本，当然现在有一些 AR 读物。那么如何在视觉体验上让我们有耳目一新的感觉，这个对消费者来讲是非常重要的。但是这并不意味着所有东西都可以利用 VR 技术。现在的融合发展，出版业和技术公司的融合发展显得尤为重要，这就是跨界。除非你是一个跨界人才，既懂技术又懂历史文化，你可能会做出好的作品。VR 的制作工程和拍电影非常相似，首先要有好的创意，创意完成要有脚本，脚本要有分镜头，分镜头后要进行数字化，这里就需要符合消费者需求的内容。现在很多VR技术公司做不出来，体验店只是体验而已，不会有回头客，就是因为内容本身对用户的吸引力不够强。

安徽诺尔动漫科技有限公司做了"千年玉门关"项目，目前已在敦煌玉门关向游客开放。内容主要包括玉门关的三次历史变迁、变迁的原因以及变迁与当时经济、政治、军事、生态之间的关系。你是出版社，我是技术公司，为了一个项目我们坐在一起，实现跨界合作，分工协作，这是一种方式。如果在第一阶段大家合作得很好，就可以进入第二阶段。我们组建合资公司，把技术与IP深度融合，打造出具有吸引力的产品。

在互联网环境下，如何传播内容？现在大家使用率最高的是手机，把内容和手机结合起来一定有市场前景。数字化产品不仅仅是VR，还包括AR以及其他技术。如何与手机结合起来？现代技术已经可以解决，内容部分通过手机链接到云端，把手机往VR头盔上一装即可。我们公司做了一款产品，现在还没有成型，其实这个产品自带VR功能，有一个视频可以播放，这款产品既是AR的产品，又是VR的产品，同时也是投影仪。这其实改变了出版物的形态。也许有人认为这不是出版物。但是不管怎么样，它们有一个共同的属性，就是传播知识，并且可以复制。我认为从属性上来讲完全具备出版物属性，怎么定义并不重要，最重要的是满足客户的需求，我们称为"拿走别人的烦恼，满足别人的需求"。

开启数据可视化未来

◎ 中国科学技术大学先进技术研究院新媒体学院技术总监　孙　鹏

中国科学技术大学先进技术研究院（以下简称"研究院"）与一家传媒公司合作，做的是集产学研于一体的综合工作，其中包括科研成果孵化。这家传媒公司所承载的就是 VR、AR、MR 的研发与应用，我们希望能做到在深度媒体和新媒体领域融合发展。

研究院有五个定位。第一，做产品工程中心，做国家级的新媒体产品工程中心。第二，做新媒体人才培养基地。因为研究院本身也是高校，这是我们义不容辞的职责。第三，做文化和科技融合的示范基地。新媒体学院由中国科学技术大学和中国科学院联合创办。第四，做新媒体标准研究中心。研究院现在在深度媒体和新媒体上有几个标准，目前在起草阶段，其中包括智能制造和新媒体融合。第五，做新媒体合作和交流的平台。一方面是国内的合作交流平台，另一方面是国外的合作交流平台。例如，研究院和麻省理工大学开展了超媒体方面的研究课题合作，而且正在做麻省理工大学和中国科学技术大学的协同实验室。研究院的语言领域有增强现实、虚拟现实、数字教科书，凡是和科学可视化相关的项目我们都覆盖。研究院的团队有教授、副教授 7 人，博士 14 人，留学生 5 人，硕士研究生 42 人，研发人员近 100 人。

研究院除了做科研之外，也做孵化企业。研究院的院长是研究院科技传播与科技政策系主任，也是终身学习实验室执行主任。研究院的专业从本科到硕士到博士，我们是连通的，同时也在这方面也做了非常好的人才储备和人才孵化基地。依托研究院的教育和实验室，一直在为新媒体这个行业做人才储备，尤其是为 AR、VR 行业孵化人才。

研究院获得多个荣誉奖项，其中有代表性的是美国自然科学基金会颁发的"国际科学可视化大赛专家奖"。另外，研究院做的科学可视化的产品叫"前程"（音）。研究院所有产品在全球一共获得 130 多家媒体的报道，包括 BBC、国家地理，腾讯公司的年会采购的也是我们相应的版权。

研究院做了 23 个项目，一些是由我们自己实施，另外一些是我们和其他企业合作完成的。我们还做了部分孵化项目，现在有 10 个以上的公司正在孵化，所有这些公司从科研成果的第一步开发到产品转化，我们全程干预，一直到最后一个数字，像软银赛富、新东方、赛伯乐一直跟着我们走，他们都拿到了相应的投资。这些公司有 4 家已经获得投资，加在一起超过 1 亿元。

研究院从事的研究工作就是科学可视化，其中包括视频形式、图片形式。央视有一个科学栏目，我们专业的老师在这个栏目中为大家讲解什么叫科学可视化。在科学可视化的基础上，我们现在所从事的是信息可视化。大家都看过 AR，AR 到底起什么作用，它的价值和意义真的很大吗？前面 20 年研究院做了一件事情，把我们眼睛能看到的都做成了 3D 模型和数据，放在电脑里边使用。未来 20 年，数据还在不断产生，我们希望把这些信息拿到现实当中，通过交互方式实施。所以，AR 的价值不仅仅是技术，而是信息可视化。大家看一个电影会很感动，但是看企业宣传片很少会感动，因为它们有各自的叙事模式。VR 有 VR 的叙事模式，AR 有 AR 的叙事模式。AR 的叙事模式是什么样的？怎么样把 AR 叙事模式提炼出来，做出精彩的产品，让消费者得到我们想要传递给他的价值？我认为是从数据的产生开始，到数据的转化，到数据的呈现，再到数据的使用。

研究院的服务核心是提供平台服务，大家在市场上会看到一种情况，一本书、一套书就是一个 App，要面对一个非常庞大的开发成本，出版行业和 IT 产业之间不得不融合，但是往往融合不好。我们希望通过平台服务解决这些问题，这个平台服务有两个方向：一是企业的全过程"AR +"服务方案，AR 可以通过各种各样的方式驱动，它可以服务于营销、企业培训等；另一个是我们在出版行业见得比较多的 AR 产品是卡片。我认为 AR 和 AI 加上内容、大数据、云服务才是完整的产品和服务，这个服务可能会代替手机成为下一代通用的交互平台。另外，超媒体叙事模式绝不是技术公司能够提供的，它需要出版社从机制建设、内容建设，甚至从跨界出版方面入手，做立体化的产品或项目。

AR 技术应用于出版行业面临的问题是什么？第一，跨平台的问题，需要多个App。第二，大量工程师。出版社很少会有专业的工程师，AR 并不难，但是技术跨度很大，所以出版社要培养各种各样的工程师。第三，管理复杂。App 怎么管、运维怎么管、流量怎么管、数据怎么管，归根结底就是巨大的成本。前端要为开发投入成本，后端要为管理投入成本，这是我们必须要面对的问题。我们推出新的引擎，就是要解决这个问题。主要包括集约化的生产平台、媒体资源管理平台、运营服务平台，我们通过这个平台把所有的技术问题都解决了。这个平台最终要实现一个目的，就是将传统的媒体从面向网络运营商的内容提供商转变为直接面向内容消费者的内容提供商和运营商，这是我们未来的发展模式。

浅谈《新华字典》App 的研发

◎ 商务印书馆数字出版中心主任　孙述学

　　《新华字典》App 在 2017 年 6 月发布后，瞬间成为了媒体关注的中心。评论铺天盖地，有报纸的，有电视的，有文字的，有音频的，有视频的；还有微信、微博。都在讨论《新华字典》App 对社会的影响，有差评，更多的是好评，两者之间意见冲突明显。

　　《新华字典》App 完全展示了纸书查询的方式，并且提供了非常多的检索功能。

　　App 中有李瑞英老师标准的播读发音，还有规范的笔顺笔画动画演示，还有一些文字游戏。总的看起来，提供了很多服务功能，平台雏形初现。

　　《新华字典》App 的特点表现如下：

　　第一，做内容、做用户、做服务。《新华字典》App 中有一个加号，这个加号为我们提供了无限的可能性。初期的内容是将一些辞典加进去，接着会加入一些增值服务，如汉字听写功能之类，以后还会有汉字文化、成语学习、方言、社区词语等丰富的内容。期间，还会根据用户需求随时调整。例如，读音大挑战上线后，用户反馈游戏做完了，错了哪些题，想复习巩固一下，游戏中没有这个功能。我们马上就更新了一个版本，增加了错题集，充分满足用户的需求。我们会不停更新版本，更新频率大家可以看到。我们特别用心在维护。

　　第二，资源的支撑。《新华字典》App 背后有 100 多种工具书做支撑。我们有一个先进的语料分析工具，还有商务印书馆庞大的语言文字专家资源。所有的内容，绝不仅仅是工具书的翻版，而是以商务印书馆的图书、语言文字专家资源为核心，将这些资源重新设计开发，以知识服务的面貌呈现。

　　第三，营销策略采取传统的营销和数字营销相结合的方式。《新华字典》App 出来以后我问了很多朋友，他们出了很多主意，有的说互联网是免费基因养大的，所以收费对他们来说是大事情，出版的基因就是收费，所以免费也是大事情；收费多少，一切由用户说了算。一些人挺收费，说《新华字典》App 这么著名的品牌都不能在收费上挺住，传统出版业怎么挺住。我们还通过中央媒体、电视广播、平面媒体、网络新闻、新华书店、书展、线下的主题活动、电商应用市场进行。大家可以看到我们也结合了数字营销模式。

第四，技术的运用。App 的运营引入了大数据分析。我们进行了渠道流量分析，分析第三方应用商店、厂商应用商店、官方应用商店的一些营销数据。我们和华为做了联动运营，他们主动推送我们的产品，我们用大数据进行了联运前和联运后数据分析，做转化率的分析，做新增用户和转化率的分析。

另外，我们分析线上、线下活动对流量的影响。通过用户的年龄、职业、购买时间和注册信息等进行分析。

我们还做了产品功能策略方面的大数据的分析。分析用户拿到《新华字典》App以后主要做什么，用什么样的方式查询内容、是手写还是语音输入，分析后根据用户的需求修改功能。

总而言之，虽然《新华字典》App 很小，但是它是先锋。我们真正在践行媒体融合，向知识服务转型，正是以《新华字典》App 为起点。

AR 出版行业解决方案

◎ 漫阅科技（天津）有限公司副总裁　李鸿伟

第一，我们是谁。漫阅科技（天津）有限公司是以实体主办为基点，致力于出版垂直领域，提供 AR 技术及相关产品研发和运营服务的企业。我们从实体出版到数字出版，后面陆续推出了移动 App 解决方案、二维码解决方案、CMS 内容解决方案、教育平台解决方案，现在我们开始进行 AR 系统、AI 系统、语音系统研发，我们是 AR 及数字出版行业的实践者和推广者。

第二，我们做什么。我们一直以来从事数字出版技术研发，到目前为止研发的是 AR 技术。AR 出版是新媒体出版的重要表现形式，我们认为 AR 出版时代到来了。AR 出版的特点是 3D 立体形式的视觉呈现、多媒体融合、多感官刺激、交互强、虚实融合、需要移动设备配合。目前，少儿类图书、专业教育类图书已经纷纷进入 AR 出版行列。部分 AR 图书销售额已经达到百万元。总之，AR 出版未来的潜力非常巨大。

第三，AR 出版的市场预测。2016 年数字出版产业总收入 5720 亿元，比 2015 年增长了 30% 左右。AR 作为继计算机、手机之后下一个通用平台，将成为数字出版的主流，市场规模可达到 300 亿元。AR 出版的优势在于对原书不需要进行任何改版。AR 出版有助于提升纸质图书的阅读体验，且硬件设备日趋成熟。

第四，AR 出版面临过的挑战：一是制作瓶颈；二是标准化瓶颈；三是策划和内容瓶颈；四是市场分析瓶颈：①制作瓶颈，以前能提供制作 AR 的 SDK 非常少，当时还要收取高额的版权费。这几年 AR 技术发展迅速，相继出现了开放平台，在云栖大会上阿里集团也发布了 AR 开放平台，而且是百分之百的免费开放。②标准化瓶颈，以前没有行业标准和国家标准，以后有了融智库出台的行业标准，我们期待这个标准能够成为国家的标准，后续我们做 AR 出版物时会更加规范化。③策划和内容瓶颈，目前市场上 AR 出版物越来越多，但是出版物质量参差不齐，模型给用户的体验感不强。我们认为必须达到四点才能算真正地成为 AR 出版物，或者给读者带来真正的 AR 价值。第一点，模型可以上下旋转。很多出版物没有达到这一点，我们分析应该是制作成本过高造成的。第二点，模型必须带有音效。第三点，模型必须具有交互功能。第四点，模型的图像像素要高。④市场分析瓶颈，开始我们只关注从无到有的过程，未对出版物使用情况进行数据分析，缺乏 AR 出版物内容细节的把握，只知道 AR 出版物总体销量。现在我们完善了体系。

另外，分享一下我们一站式解决方案。现在的 AR 出版制作分为几个部分，即立项策划、产品研发、上线发布、大数据和人工智能的 AR 分析。立项策划包含三个部分：策划选题、内容准备、内容筛选。内容准备好后开始产品的研发，要进行技术选型，用什么样的技术，进行在线内容快速制作。内容制作好后进行产品发布，产品可以发布到多个渠道，例如天猫、京东、当当等第三方平台，也可以发布到百度进行 SU 的推广。产品发布后提供在线运营管理，例如产品需要在线更新。如果在某个 AR 产品需要停止和第三方的合作，也可以在运营管理模块停止合作处理。产品发布后，可以识别 AR 内容，进行用户行为、市场分析，统计相应数据报告，同时市场预测对产品的更新和选型提供了依据。内容准备和内容制作的素材与 AR 产品模型可以扩充到 CMS（内容管理系统）资源库，也可以发布到云平台进行云端销售。现在发布到云端的模型已经实现了在线销售，平摊了 AR 出版物的开发成本。

知识经济背景下科技型数字出版
企业的知识服务战略分析

◎ 睿泰研究院数字出版研究所所长　孙晓翠

睿泰集团是以技术为支撑的科技型企业，在知识经济时代背景下，对于信息和经济的生产、分配以及应用，以睿泰研究院为基础带动企业发展，睿泰集团以技术为基础的科技型数字出版企业功能逐渐凸现。

睿泰研究院作为企业研究院，是企业的智库，主要做了如下工作。

第一，在科研方面：对外通过睿泰研究院公众号发布了大量的行业动态监测，每周有数字教育、数字出版不同主题，主要面对的是企业的高层领导、业务员等。二是对外承接多项课题委托，委托方多为政府职能部门和外部企业，在这些课题的实施方面，我们或者内部完成，或者联合科研院所、高校等专家顾问合作完成，同时也借助专业研究生的力量。三是我们对内是服务型的，紧紧围绕睿泰集团的主营业务，做数字教育、数字出版专业和文化类产业集群（园区/孵化器等）的主题调研。

第二，协助集团战略业务工作，多与出版部门、高校以及其他企业、行业组织进行对接。例如，接受业务部门名单提供之后，我们通过网络、实地调研等进行详细分析，形成系统分析报告和可合作方向，供业务部门参考。参加行业会议等之后，若发现有企业、机构和个人等有可合作点，也形成相对系统可合作点的建议提供给内部的业务部门。

知识服务领域是科技型数字出版企业的重要战场，包括"知识经济背景下数字出版和知识服务的融合"，睿泰集团的知识服务战略定位以及睿泰集团的知识服务战略分析。

在互联网时代，高新技术和内容产业的结合，促进整个行业的技术进步、组织变革、效率提升，在各个方面取得了突破性的进展，呈现出市场供需方面的变动以及用户对于知识、信息的需求趋于个性化、定制化的特征。

知识服务产业针对用户需求，通过个性化、定制化的解决方案形成较完整的流程。科技型数字出版企业，利用自身核心资源——技术，向其他要素靠拢。睿泰集团侧重于数字教育、数字出版以及文化产业园区的运营。数字教育主要是职教和 K12

教育：职教在上海有几家公司，侧重于学历性质的职业教育，还有非学历性质的企业 E-Learning 职业教育；K12 教育主要是在无锡的一家公司，侧重主体性素质教育，如：少儿编程、STEAM 教育等。在数字出版领域组成了睿泰集团，迈期规划在我国香港主板上市。睿泰研究院的团队主要在镇江，镇江有国家级数字出版基地，我们是唯一一家民营数字出版基地，基建、土地、运营都是睿泰集团在做，计划投资 9 亿元左右，占地 70 亩。数字出版业务主要包括数字化资源服务、技术解决方案、版权内容产品服务三个方面，形成数字内容的转化、运营、解决方案一条龙服务。我们的业务优势是能够借助于技术、资本和科研等要素辐射全行业。

我们采用内容、技术、资本、用户一体化的发展模式。核心仍是发挥科技型数字出版企业的科技优势，向其他资源靠拢。其他资源不一定为我们所有，但是我们本着合作精神，以技术、资本作为纽带合作运营。我们可以借助信息技术提供数字出版整体解决方案。我们有一个世界领先水平的超媒体制作的发布工具——Diibee，它可以跟苹果的 I-Book 相提并论。我们的工具是专业版，已与将近 200 家出版社建立数字出版解决方案项目合作。2017 年开始布局 Diibee 的教育版，先后和很多高校合作，实现人才联合培养、建立实验室以及共建"睿泰数字出版学院"等模式，而且是紧紧围绕超媒体电子书制作这个领域。"互联网＋"时代和知识经济时代双重背景下，企业的战略发展要么是大企业"赢家通吃"的平台战略，要么是中小企业深耕某一领域进行资源整合。

立足传统出版，重视内容产品知识版权运营。睿泰集团在镇江园区有一个国际性的数字教育领域版权交易中心，运营理念就是"一体两翼"。"一体"是指交易平台的顶层功能构架和规则规划等，由睿泰研究院主导。例如，针对运营规则，历时 3 个月睿泰研究院调研了国内外 100 家左右的版权、知识产权交易中心（国内 60 多家、境外 30 多家），形成了 7 万字的文字成果，最后浓缩成 18 个标准文件。"两翼"，其中一个"翼"是业务型的，线上线下同步实施，线上是垂直性、综合性平台；线下分布到各个子公司。我们的战略原则是"业务先行、平台置后"，平台还在规划中。另外一个"翼"就是金融投资方式，主要采取"产业基金＋金融超市"的模式，这是在业内首创的。

战略分析是基于用户需求、实现敏捷性的客户定制服务。我们做的知识服务是针对企业的，2017 年，睿泰研究院和武汉大学合作的课题就是知识服务战略方面的课题。睿泰集团拥有一个知识管理平台产品，主要针对企业不断产生的知识、信息和内容成果等进行上传、管理、存储和应用服务。睿泰集团基于用户需求敏捷性的定制服务主要包括两个方面：一是会制定专门的在线教育管理；二是针对个人，通过其学习轨迹、社会角色，利用专业化模板，对个人形成一个社会化的学习轨迹及业务工作解决方案。

另外，睿泰集团借助资本市场参与数字出版市场资源的再分配。睿泰集团上海公司的职教板块于 2017 年 6 月 22 日在澳大利亚主板上市，同时创立市值 1.8 亿元的乐泰基金。在资本助力下实现整个数字出版资源的再分配，对传统出版企业、互联网平台进行资金注入、项目参与、设立基金、战略合作的新型发展模式。

知识经济背景下，科技型数字出版企业的知识服务战略主要立足以下四点。

第一，"互联网 +"时代下，提供了以睿泰集团为代表的科技型数字出版企业与其他企业和用户之间新的组合、交互和融合方式，信息技术的优势成为其向知识服务发展的重要因素。

第二，基于信息技术的优势、挖掘内容产品的价值、立足用户的个性化需求，并借助资本市场的资源配置功能——这是睿泰集团的知识服务发展路径，即"技术 + 内容 + 用户 + 资本"的发展模式。

第三，从数字出版业务到知识服务的转型发展过程，不仅仅是技术、内容、版权单个要素的升级，而是一个多要素、多层次的转型过程。

第四，科技型数字出版企业不仅要借鉴技术的优势，更要整合数字出版市场中的内容、用户和资本等其他资源的融合创新应用。

新闻出版业智库与媒介产品营销创新

◎ 南京大学信息管理学院副教授　王鹏涛

按照学术界的传统，出版营销学理论探讨的焦点集中在出版企业的营销行为上。针对企业营销行为，智库研究关注的重点应是宏观环境因素。宏观环境因素主要指政治法律因素、经济发展因素、社会文化因素和技术因素等。除了环境因素的分析之外，出版营销创新更为重要的部分是集中营销战略的制定以及营销战术的执行。而在这两个方面智库发挥的作用是非常有限的，并没有给出版企业的营销行为带来具体而有效的指导。

维基百科关于"智库"的定义中提到智库服务的对象主要集中在社会政策、政治战略、经济政策、军事、外交、技术以及文化发展政策制定方面。我们如果严格遵循这个定义，就很难让智库在出版传媒机构的营销活动中发挥应有的作用。学术界的概念界定过程中有其独特的考虑，例如重视逻辑的严谨性和边界的清晰性，但是我们不能把"智库"做狭隘的理解，因为如果那样理解的话，后面很多问题就无法讨论。所以我认为应该超越认知局限，以适用、有效为标准对智库进行宽泛地理解。

智库研究在英国很大比例依靠学术机构。英国首相特蕾莎·玛丽·梅毕业于牛津大学，她的智囊团里有很多成员是牛津大学的研究人员。在互联网方面，牛津大学互联网研究中心（Oxford Internet Institution，OII）和清华大学有紧密合作，开展的咨询服务范围相当广泛。OII 的一些学者承接的咨询项目非常夸张，有位老师甚至承接了一项非洲信息资源空间分布规律的项目，他和团队成员必须长时间待在非洲进行田野调查。

我认为传媒智库可以理解为服务于传媒行业的专业咨询机构。大家不要去严格地把它界定成南京大学智库评价数据库里面收录的智库模式，绝对不能严格界定在那个范围。广义的智库到底可以提供哪些功能？我认为，大概有如下几种。首先，对传媒市场调查和分析，帮助传媒机构去洞察读者、了解用户的个性化需求，对用户进行精准描述，了解用户使用场景。分析清楚用户是一个什么样的人，喜欢使用什么样的媒介产品，想去体验什么，对产品预期的价值是什么，价值诉求是什么。其次，智库帮助出版企业整合并挖掘信息资源，这里的信息资源既包括内容资源，也包括消费行为方面的数据。再次，智库帮助出版企业预见、分析和预测政府政策、公众意见、社会思潮和市场趋势的变动。最后，智库可以帮助出版企业对产业结构、竞争对手的反应以及国外标杆企业的经验进行专业化解读。这些都是传媒智库可以给传媒机构提供的服务，不同的智库可以根据自身的实力选择性地提供某个方面的专业咨询。

关于信息资源整合的问题，大家可以从流行的大数据的角度去理解。2017 年上半年，我在浙江大学做了关于大数据分析在出版领域应用的演讲，演讲中提到，出版企业能够利用的大数据大致有三类：一是由读者生成的内容，二是读者接触到的设备生成的内容，三是专家系统提供的数据。信息资源整合将上述内容进行深度挖掘，提供给企业帮助其改进营销绩效。需要注意的是，智库与管理咨询公司略有区别，智库多用普适性的资料，这种资料仅仅能帮助企业较好地理解大的趋势以及社会公众的反映。例如，文化思潮中的宫斗剧，先有文学作品，后有影视产品跟进，接着有其他衍生品延伸价值增值，这些规律值得关注。再如，日前有家杂志的编辑向我约稿，希望写篇论文讨论新媒体背景下国学环境的再生，这个问题就会涉及传统国学经典重新进入市场，再生的过程中有哪些改变，与之前简单再版是有区别的，我们要不要开发 App，要不要加入 VR 技术帮助大家形象地理解古籍，要不要有其他辅助性的功能，这些都可以思考。有些发展趋势是阅读行为变化带来的，有些趋势是由技术创新带来的，无论如何，信息资源的体量在增长，整合的难度在增长，迫切需要专业机构的支持。出版传媒行业的边界已经发生了很大改变，听说大家对于数字出版统计口径不太满意，认为数字出版囊括的范围太广（例如彩铃、游戏、动漫等都在里面），和传统出版直接比价，失去了公平性，然而行业边界正在发生巨大变化，这是一个不争的事实。

营销创新的关键是洞察市场和人性，涉及具体而微的企业行为。在新媒体环境之下，技术会发生颠覆性的影响，导致很多人非常悲观。但我认为长期从事出版传媒业工作的人员还是有优势的。例如，在数字出版时代，传统编辑可以将自己沉淀的经验和业务知识与技术力量结合起来，发挥更大的作用。

媒介产品的设计、价格的制定、分销渠道的布局、营销沟通方案的选择等都可以根据营销规律来实现个性化的组合，使企业与市场需求的变化同步。传统出版传媒业滞后于其他领域，例如，快速消费品领域没有为用户提供比较精细化的服务。再往前推 20 年，所有图书介绍都是该书适用于大专以上教育程度的读者以及某专业爱好者，这种介绍分类粗糙到几乎没有任何导购价值。而在新媒体环境下，我们可以借助技术，实现营销过程的整体创新。例如，美国有家叫"三双鞋"的购物网站，被亚马逊网络联盟以 10 亿美元的价格收购。"三双鞋"购物网站以人性及人的需要为出发点，如果你在"三双鞋"购物网站上订购了一双 40 码的鞋子，该企业会给你邮寄来三双鞋，分别为 39 码、40 码、41 码，你只需选择你最合适的一双，其余的退回。因为每个鞋业公司的版型不一样，网站考虑了鞋子的适脚性供你选择，这就提供了人性化的服务，深受消费者的喜爱。这是一个微创新，但是市场效果非常惊人。出版行业中有一种倾向，就是一些小事情不屑去做，但是微小的改变会带来很大的反响。

数字阅读活动已经进入到一个量化消费的时代，粗放式经营已经远远不能适应这个时代，读者越来越感性，媒介产品的营销活动必须越来越理性、越来越精细。从智库的角度讲，很多事情需要做，如果传媒机构力量不足，就需要借助外部力量，这样做才能不负这个时代，跟上时代步伐甚至引领时代。

国外学界比较注重的模型——SMART模型。这个理论认为，传媒产品设计应该坚持"SMART"原则，其中S是Social（社交互动），M是Mobile（移动化），A是Accessible（随时可获得内容资源），R是Relevent（与用户利益诉求息息相关），T是Tailor（定制化、个人化）。出版传媒结构在营销过程中使用的算法推荐都是和用户的社交互动有关的，现在学生用手机App背单词，就会随时跟同学进行互动，这是社交互动。用户能够随时随地获得符合自己利益诉求的内容（例如，适用于雅思考试），另外还可以提供一些个性化的信息（例如，提供词汇量的考核功能）。关于英语学习App设计原则的案例说明SMART原则在媒介产品创新中的重要性，至于SMART模型中每个要素到底是如何在营销实践中落实，这是智库可以参与的工作内容。王阳明说过："知之真切笃实处即是行，行之明觉精察处即是知。"希望大家在实践中能够落实对传媒智库的理解，通过知行合一实现产业的大发展大繁荣，为中国文化的复兴做出应有的贡献。

探析基于场景思维的用户需求

◎ 浙江万里学院副教授、校团委副书记，南京大学博士研究生　隗静秋

不管是技术还是艺术，归根到底还是要到人，人是有感情、有社交、有思想的动物，归根到底还是要到人的层面。

出版机构商业模式的变革将用户需求场景分为三个时代——传统出版时代、互联网时代、移动互联网时代。传统出版时代大家都比较熟悉，一本书一个定价，编辑加工、版式设计、印制发行。今天的数字出版真的是数字出版吗？以前我们把文字印在纸上，然后通过书店进行发行。今天我们把纸上的内容打包通过二维码的方式发到大家的手机里。数字出版有没有真正的革命？并没有，大部分是在做数字时代的印刷，这是传统出版社做的工作。

互联网时代，以用户为中心，其特点是一个产品但是有多种定价，比较特殊的两种模式：一种是免费，另一种是收费。通过免费获取用户数据，同时提供个性化的服务，前提是有一个大的流量，毕竟有一部分用户需要增值服务。通过这种方式，一方面能够有一个比较大的流量，另一方面通过升级版的增值内容或增值服务实现垄断，满足特定用户需求盈利的目的，商业模式也由一次售卖向二次售卖转换。

移动互联网时代，已经转移到以用户场景为中心，一方面可以为用户提供最大化的共性服务，另一方面根据用户画像可以提供特殊时间、特殊地点、特殊对象的个性化服务。不管是微信也好、外卖也好，都是有闭环的生态系统，在这个生态系统里可以把所有服务做到极致。这意味着商业机构已经升级到以用户场景为中心，满足用户的需求。

所以，不论是共性服务还是个性服务，场景的感知、判断和运用都显得至关重要。那么，究竟什么是场景？什么是场景思维呢？

《即将到来的场景时代》一书中指出了与场景时代相关的五个要素：大数据、移动设备、社交媒体、传感器、定位系统。这五个要素被称为"场景五力"。这五个要素都发挥着重要作用，通过定位系统可以感知用户在什么场景和环境，用户所在场合和环境与他的身份是匹配的，通过数据做分析，最后分享给用户。通过这种方式可以实现两个方面的服务：一个是知识信息服务，另一个是生活周边服务。知识信息服务

和生活周边服务是最基本也是我们经常用到的两种服务。所以，场景理论的核心就是信息软要素的智能匹配与传播的氛围营造。

而场景思维是以用户特定场景作为出发点，挖掘用户在特定场景中的信息需求和服务需求，进而进行相应的信息适配和服务适配，实现基于用户场景的知识信息服务和生活周边服务。

场景思维的特点包括四大核心内容：第一，高度契合的符号标签；第二，独特的文化社群；第三，超越期待的用户体验；第四，精准匹配数据分析。

第一，我们所使用的任何一款产品，功能价值会让位于它们的符号价值和象征价值，根据法国思想家布尔迪厄的观点，我们出入的场所、消费的物品，甚至扩展到我们所结交的群体，无不反映了我们的生活品位和阶层属性，而生活品位和阶层属性都成为用户的属性标签，都可以通过空间、位置和行为等反映出来。而这些不同属性标签的用户将会认同具有不同表征的事物，并在消费过程中赋予实际意义。

第二，独特文化的各类社群，大家比较熟悉的就是小米的社群，如果没有小米当时的100个用户，它很难有后来的营销模式。

第三，超越期待的用户体验，不仅要解决用户的难题，还要让用户有惊喜。仅仅把一本书变成电子版，并没有给用户带来更多的惊喜。假设用户看这本书时获得了知识，还能结交朋友、认识了相关专家，这才是真正超用户体验。而目前，数字出版产品多数是数字版的印刷品。

第四，精确匹配的数据分析，对用户各方面特征进行用户画像，知道用户是一个什么样的人，例如他的身份、职业、兴趣爱好、阶层等，同时，知道他想成为一个什么样的人。

针对以上四个特点，运用场景思维可以从以下几方面满足用户需求。

第一，全流程赋予产品意义，为用户提供精神气息。怎样让产品有意义，怎样让这个产品的意义与用户心理期待、对自身的定位能够有效接合。如果能够接合成功，产品的营销就有可能成功。换句话说，要通过某种方式让传递出来的信息和用户的心理期待有效对接。

第二，由产品经营到用户经营，打造有独特文化品位的社群。现在有各种各样的社群，有基于地点的，有基于兴趣爱好的，有基于读书的。不同的社群一方面要认同，另一方面要区隔。每个社群都应该有其共同的价值观，如果这个社群价值观不能统一，这个社群的打造就是失败的。互联网社群相信信息是平等的，打造的社群无论流量还是各种各样的服务，都可以实现。

第三，由价格到价值，互联网时代背景下拼的是价格，移动互联网时代，价格已经让位于价值了。京东上买书10本打六七折，但是如果是吴晓波推荐的书可能就是原价，可能比原价还要高，为什么还有很多人去买呢？因为我们相信吴晓波对知识的判断力，他的判断力为这本书的价值做了背书。如果我们还要拼价格的话，其实是和这个时代脱节了。

　　用户体验非常关键，我认为用户体验一是细节的打磨，二是情感的链接。通过细节的打磨可以让用户相信所购产品物有所值。另外，将产品价值与感情对接非常重要。

　　第四，应用大数据的先进技术，提供个性化的服务。一是信息适配，二是服务适配。信息适配是线上的，如果用户画像精准，这两个方面很容易实现。

下半场点评

◎ 点评人：北京印刷学院新闻出版学院副院长　李德升

各位嘉宾和主持人做了很有效率的工作，使得很庞大的信息量在短暂的时间内传达到每个人的面前。

2017年，我参加了两个与数字出版、传媒相关的大型会议，一个是2017年7月的数字出版博览会，另一个就是首届中国新闻出版智库高峰论坛。前一个会侧重于官方性质，政府界的人士、业界精英、研究机构以及高等院校工作人员均有参与。我对本次论坛的最大感受是我们的数字出版会建立起规范和标准，这是数字出版业自信的基础与成果。

孟凡安董事长讲到产业环境，VR体验从7000多家减少到2000多家，以前可能很多人没有感触。通过这种分析可能会发现，AR、VR技术可能在出版行业率先得到突破或者是应用。犹如计算机技术，20世纪70年代计算机技术在文本检索领域已经很普及。AR、VR在出版领域可能也会有光明的前景。

孙鹏总监提到了中科大的优势产品服务，比如AR产品制作，将其引进高校有很多可以无缝连接应用的。还有孙晓翠所长讲的Dream-Book，本身就有很强的示范性和操作逻辑，这种产品和服务是否可以引入我们的培养方案，有待观察。高校也在努力寻找新技术、新东西，我们注意到百度的智能服务器研发和我们有很强的关联性。我希望业界和学界真正做到融合。我认为很多研究机构的融合做得比较好，比如睿泰研究院，为多家高校和几大出版社做了很多工作。还有漫阅科技的李鸿伟副总裁有一个比较宏伟的想法，对趋势有一个比较乐观的展望，同时提出了"四个瓶颈"，也提出了解决方案，对我们来说很有意义。

学界的两位教授，他们不是从学术的角度讲的，而是从学科建设和学生培养来讲的，巧妙地选取了各自的角度，一个讲场景，另一个讲营销，这是一种新的思路。例如，做背景分析时，可能从传统来讲是数量的起伏，是数量的变化，而环境是动态的，不是静态的。王鹏涛讲智库的含义，对我们出版人确实有启发，我也看了很多这方面的资料，不敢说对它特别了解，很多时候确实是一种思想的碰撞，让我们会产生一个新的想法。

孙述学主任介绍《新华字典》App 的研发。我与他接触得比较少，但听过他几次讲座，和以前相比，我觉得他现在的普通话说得特别好，可能是因为做《新华字典》App 的原因。我们最近买了一套商务印书馆的汉译名著，但是没有想到买这些数字产品。以后的侧重点可能要关注数字出版方向，尤其对工具书、汉语语料分析，我认为这是一种方向。

我们现在正在走产学研结合的路子。我以前是一名编辑，2015 年进入高校，这是一种真正的融合。希望融合会促进产业的发展，也希望各位都成为产业界的精英，发挥出自己的力量。

企业智库分论坛

——知识服务，产业创新

牵头单位：中国科学技术信息研究所

参加单位：数字出版技术企业、新闻出版机构

主 持 人：中国科学技术信息研究所主任　姚长青

　　　　　《中国出版》杂志副主编　杨晓芳

点 评 人：中国中医药出版社数字出版中心主任助理　翟　理

　　　　　九州出版社数字出版分社社长　朱国政

2017年10月15日上午（08:30—12:00）

知识组织和知识服务

◎ 国家新闻出版重大工程办公室首席专家　孙　卫

知识分类很复杂，针对工作实践中的规律总结成规则，可以直接被自己与他人利用，这样可以提高工作效率和工作质量，总结出来的规律可以变成知识。知识表现很重要，有一些知识属于宏观知识，例如出版机构的辞书类出版物，一般人认为是准确的知识，直接参照与利用；另外，还有行业标准知识在其他行业未必准确。例如，现场可编程门阵列（FPGA）在很多场合是可靠的专用集成电路（ASIC）的实现方法，但是在遇到电磁、核辐射、冲击波等特殊环境时，就不一定准确。每一类知识组织方式方法均不同，知识组织和知识服务不是目的，而是方法，利用方法帮助使用者提高效率与改进质量才是目的。方法属于技巧，一定是根据目的的不同，而采取合适的方法，"正确的方法做正确的事情"是有道理的。知识服务时代已经到来，跳出出版，为使用者提供服务，"服务为王"成为一种理念。

一、知识组织和知识服务

面对互联网强大的用户吸附能力，出版业应该怎么办？知识组织和服务必须要贴近用户。回溯知识组织和知识服务的历史，20 世纪 60 年代，美国图书馆系统最先开始"在线编目"，对出版资源进行分类、主题词等著录，使用者通过检索查找所需的出版物。早期的知识组织主要是对知识进行分类、抓取主题词，通过主题词匹配提高检索的准确率，通过分类帮助压缩资源检索的范围，通过"在线书目"帮助使用者提高了查找出版物的效率。但是最早的分类和主题词都是一维组织。1996 年进入国家图书馆时，分类和主题词是一维知识组织，工作人员看到出版物才能分类，汉语主题词表也是一维组织，先分类到出版物，然后再标主题词，所以当时的计算机不能进行自动分类和自动标引主题词。1998 年，我在研究国家数字图书馆时，提出把人的分类和标引主题词的两个一维规律合并成分类——主题词二维模式，让计算机去自动分类并进行主题词标引。现在中国有很多信息服务商，例如中国知网（CNKI）和万方数据（Wanfang Data）都可以对文献资料进行自动分类和自动主题词标引。

在数字出版司主持国家数字复合出版系统工程以来，很多专业出版社越来越重视主题词表，与国家科学技术信息研究所讨论怎么引进词，怎么做检索、做分类，以此更好地发挥知识组织和服务的作用。分类和主题词主要是为检索服务，主要有以下几种工作。

第一，主题词表实际上是表征词与词之间关系的结构，主要是"用""代""属""分""参""簇"的关系。主题词"用"，很多同义词"代"，这个词往上有"属"和"簇"，往下有"分"，横向有"参"。主题词就是在结构上对相关的词树形管理起来。

第二，检索时输入"词"，检索结果就可以把与这个"词"相关的词树都进行检索并给出每个分支的命中结果，检索者没有想到的词也可以被检索出来。利用词的树形结构，检索后命中相关文献。爱思唯尔公司按照主题词树做分类，帮助使用者通过某个词检索时，通过词系统快速掌握下分关系"词"、上属关系"词"找到自己所需的文献资料。这就是主题词在检索使用过程中如何帮助使用者提高检索效率和检索质量的服务过程。这套主题词法始于20世纪七八十年代，逻辑关系比较简单，对于现在的本体知识组织而言，属于轻量本体。国家科学技术信息研究所姚长青博士的团队做的本体中有100多种词间关系。所以，分类主题词是一种概念，知识关系少一点。但是，用户只要想到一个熟悉的词，系统就可以给出相关的词，扩大思维，这就是分类和主题词服务于检索、面分、用词树展示检索结果。

二、工具书体系知识服务工作

对字典、词典等工具书体系出版界很熟悉，但在互联网、移动互联网上最关键是如何用。出版各类工具书都是知识概括与总结，可以直接采用，关键问题在于互联网时代，移动终端怎么采用，要增加相关功能，如语音、视频、动漫等更丰富的内容。例如，商务印书馆做的《新华字典》App。传统《新华字典》是纸质的，而现在《新华字典》App加了播音员读音，这就是增值服务。

从传统纸质到移动设备营销是重要的。怎么变成一个QA（问答式）系统？例如，3个"牛"在一起是什么字，传统出版按照笔画、拼音输入，可是不认识这个字的人，可能这两种查找的方式都无法使用。而百度检索中只要输入"3个牛"立刻就能搜出来。这就提出了出版机构如何把内容与各种输入方法结合为使用者服务的问题。利用知识组织，把输入段调整为系统能认知、能找到的内容，就可以做成QA。

而通过维基百科可以抽取出很多新的服务模式，例如，抽象出来专门做的一个QA系统，增加了很多音频、视频和实验各方面的数据来支撑QA。我认为QA系统是很重要的系统。法律体系、学习体系中做QA都需要一个良好的基础，内容在出版者手上，关键是要解决输入（Q的解析），答案（A的查找）是在工具书里可以直接利用。

如何把工具书在手机屏幕上和百度结合起来，怎么和高德地图结合起来，怎么和其他的应用结合起来？在学习时用工具书，屏幕怎么把这两个内容连接起来其实非常重要。辞典本身是一个知识库，怎么转化输入，不使用传统的笔画、拼音，与其他应用结合起来，这是我们需要去实现的。

要转变营销观念，把完整的工具书变成单个条目，用就付费。面对互联网和移动互联网与智能终端，如何把整个工具书变成单条服务模式这才是一种知识。另外，需要灵活支付，用户查看基本词条免费。但是需要用户每天支付一定金额可以查看相应内容，每一条合理支付就是付费。少儿教育或者大众教育可以去尝试，单条收费的累计收入不一定比种册件下载的收入少，这种模式在国外比较成熟。这应该是传统出版可以做的知识组织和服务的转变。

三、系统化学习中的知识服务

知识结构按照教育、学科、知识点、教材、参考资料划分，看到的第一个层面并不是篇章节的内容，而是知识点的树。我国编教材和国外教材不同，国外编的教材首先说书是什么样的体系，读者有什么知识才能读什么书，这是美国编教材和我们编高等院校教材不同之处。我国教材按篇目，并没有说图书体系结构，应该学什么内容。

系统化的学习是学历教育所必需的。学历教育比较重视的是高中阶段教育、职业教育和高等教育。但是，中小学九年义务教育会在收费限制上比较严格，所以对于中小学，人数众多，刚性需求多，产品定价会比较偏低。学历教育是系统化学习，而复习巩固提高是碎片化学习，这和成人学习不一样，成人学习是以碎片化为起点，需要时才会系统化学习。所以知识组织和服务对于学历教育提高学习效率和改进质量是有价值的。

成人教育不会以系统学习为先导，一般是需要什么内容学习什么内容。有专家或者出版人、图书馆人认为碎片化阅读不好，这属于比较极端的看法。其实每个人需要什么、学习什么有自己的需求。成人教育透视知识点针对职业考试是一种提高学习效率和学习质量的方式。面向个人用户，增加多媒体内容（音频、视频、动画），更好地学以致用。1979年，中央广播电视大学（开放大学的前身）把教材、讲课视频通过电视、广播的方式进行教学、辅导。当时的授课、实验等全部都是开放的，都可以在电视上看到。如果做知识教育在内容上增加"学以致用"，知识组织可以发挥更大作用。

科技中很大一部分内容都是可以按知识体系组织，这对于买单的机构用户来说是很好的机会。片断化的学习对个人买单是很好，但必须是刚需，必须要参加医生考试，必须要参加会计师考试，必须要参加数字编辑考试，必须要参加驾驶员的理论考试，这才能变成刚需，否则就是个人化的内容。

四、用户经验总结

用户经验总结与知识服务是我们比较弱的部分。对于科技工作资料分类和主题词的总结，已经得到了科技工作者的认可。分类和主题词表与工具书属于对普遍认知的总结。教育行业中大量专业工作者在本专业内有特定经验和方法，对这些方法进行总结，对内容与方法进行综合性组织，可以提高工作效率。

用户怎么查找、怎么阅读、怎么记录、用完怎么计算，对这四个经验进行总结，可以定义数据维度、数据户值。

怎么把这些在日常工作中需要的内容装到用户环境里卖给用户？很多产品用户有特定工具，例如，出版机构设计用的图表数据，然而使用者的日常工作工具是与之脱钩的，需要使用者输入后才可以使用，怎么与特定工具结合在一起？工具已经是知识，数据怎么和知识结合在一起去卖，都是值得思考的。

传统出版机构推进大数据建设的理念思考和实操建议

◎ 贵州出版集团公司数字出版中心副主任　张忠凯

根据国家新闻出版广电总局十三五规划要求，传统出版业布局大数据，在"十三五"期间应以科技为支撑、数字为过程、融合为状态，实现"资源编码化、生产数字化、运营数据化、服务知识化"。传统出版机构推进大数据建设，就是在"云（云计算）、移（移动互联网）、大（大数据）、物（物联网）、智（人工智能）"已进入人民群众日常生活各领域的新形势下，推动"大数据"和"出版"的深度融合，更好地构建出版业合格的文化阵地、合格的市场主体，推进我国从出版大国到出版强国的转化。从出版的职能来看，出版具有文化和信息两个根本属性，文化属性保证我国意识形态领域安全和推进人类文明建设，包括倡导社会主义核心价值观和传播中华优秀传统文化，信息属性为人民群众提供所需的内容、知识服务，包括以满足广大人民群众需求的形式和渠道完成信息服务。由此可见，传统出版机构正确地认识和理解大数据，并有效开展"大数据＋出版"布局，借助大数据技术更好地完成出版职能，在当前具有重要的现实意义和深远的历史意义。

一、从传统出版业的视角认识和理解大数据

"大数据"近两年来在社会生产各领域都在如火如荼地应用中，方兴未艾，且在不同的领域也有不同的诠释。从传统出版业的视角出发，特别是从产业一线的传统出版机构来看，我们应当从大数据的概念、特点、商业模式三个方面来认识和理解大数据。

首先，我们来看大数据的概念：第一，传统出版业需要的大数据，"大"的重点不是"规模大、数据大"，而是对我们关注的点"维度多、覆盖全"。这话怎么理解呢？就是说大数据如果不是从我们需要出发采集的"维度多、覆盖全"的数据，那么数据所谓的"规模大"对我们就没有多大实际意义。微信上曾经流传一个大数据的经典段子：一个人打电话到必胜客订比萨，结果发现他的交通定位信息、金融信用信息、图书借阅记录、健康体检报告、家庭住址信息等都被商家掌握，商家据此可以

对用户购买什么样的比萨及怎么取走提出合理建议。这个段子可能是笑谈，但是我们抛开数据安全和用户隐私不说，这个段子涉及的数据量其实并不大，远远谈不上什么"海量数据"，但它的维度很多，特别是就用户购买比萨这个行为而言，商家掌握的用户信息非常全面，因此，可以准确地进行用户画像，并提出符合用户需求的合理建议。这个段子给传统出版业的启示就是推进大数据建设并不是一开始就要很大的机房、多少台服务器、多少 T 数据，而是哪怕我们只是做某一类选题，或者运营推广某一个全媒体出版产品，如果需要，也可以通过大数据的方法和技术，尽可能搜集全面相关数据，从而帮助我们提高决策的可行性、科学性和合理性。第二，大数据的"数据"，从传统出版业实情出发，按数据来源划分，可以分为三类，一是产品供给侧数据，二是用户需求侧数据，三是其他关联影响数据。产品供给侧数据，就是出版领域已经产生的所有选题资源和产品数据，包括出版业所有的图书信息、音视频、数据库等各种数据，其中数据类型包括元数据、线性、非线性等各种结构数据。用户需求侧数据，包括用户基本信息数据以及用户在各种渠道、平台对各类产品的消费数据。用户的消费数据不仅局限于出版产品，而是各种产品，这样可以有效提高我们对用户画像的准确率。其他关联影响数据，是指能够对我们选题策划、产品开发以及用户行为形成较大影响的数据，这类数据非出版甚至非文化领域，包括国家政策、国际形势、社会热点、突发事件等。需要说明的是，宏观上数据主要来源于这三方面，但当我们在进行某一类具体主题的大数据采集时，还需要根据主题在这三方面进行更多级别的数据细分和有效采集。

其次，大数据的特点：第一，越是大数据，越要从具体的点切入。从大数据的概念我们可以看出，"规模大、数据大"不重要，大数据需要围绕一个具体的点，这个点就是它要服务的中心，根据中心需要去构建全面的数据，这样，大数据才有意义，否则就是大而无用的死数据。贵州省承办了大数据峰会，峰会得到了国家领导人及各行各业的肯定和支持，在峰会上，一些商业巨头在大数据布局方面，都更加注重大数据和具体行业的结合，注重大数据在行业领域的具体应用，这就是大数据要从具体的点切入。第二，从需求程度看，大数据有冷、温、热三种类型，从传统出版行业来看，根据一个主题需要，难以被我们调用的或者权重极低甚至可以忽略的就是冷数据，经常被我们调用的、权重极高、能够对我们决策产生较大影响的就是热数据，两者之间的是温数据。需要注意的是，冷温热数据是相对，不是绝对的，对不同的主题而言，可能前一个主题是冷数据的，后一个主题可能会成为热数据，甚至同一个主题，因为不同的阶段或者发生较大的变化，冷数据也可能变成温数据或热数据。认识到大数据的这个特点，对我们建立冷温热数据动态存储方案，以及动态迭代的数据模型，是很有帮助的。

再次，我们来看大数据商业模式：商业模式是大数据从一开始就为社会各领域高度关注的一个热点问题，我的观点是纯粹的大数据没有商业模式。大数据是一种工具、一种技术，大数据的技术流程图在各行业都大同小异，就是从数据采集、数据清洗、数据存储、数据加工、数据建模、数据分析到数据应用，这样的工具或技术很难直接面向用户实现销售。而且，就当前而言，相当一些领域还有很大的数据壁垒，数据采集远没有到极大成熟和丰富的地步，很多数据难以进入实际应用，因此，大数据如果不与具体行业结合，不从具体应用场景出发，很难产生商业模式。从传统出版业来说，"大数据＋出版"的商业模式是基于大数据支持，为用户提供知识产品服务。构建商业模式必需的三个要素是数据、算法、应用场景。其中数据是基础，算法是关键，应用场景是核心，三者缺一不可。具体的模式是从产品供给或用户需求的具体应用场景出发，根据采集的尽可能全面的数据建立算法模型，形成满足用户需求的产品服务，再到应用场景中去推演、验证，努力打造得到用户认可并愿意消费的知识服务产品，从而形成一个可行的商业闭环。换句话说，只有用户认可了、消费了，才是真正的商业模式。

二、传统出版机构推进大数据建设的实操建议

在传统出版机构布局"大数据＋出版"的落地、实操方面，我从出版业实情出发，提出以下五方面的实操建议。

第一，项目化运作。以项目的形式策划和实施大数据是传统出版机构开展大数据布局探索的有效方式，一方面可以通过项目争取国家、部委或地方各种政策支持，另一方面还可以建立专职的项目团队，形成规范的项目制度，从而在实践中有序地推进大数据建设。在这里需要提醒大家注意的是，传统出版机构在大数据项目的编制过程中一定要充分考虑本单位的实际情况、实施能力，在资金预算、项目计划、风险控制等方面编制合理且具备落地条件的方案，切忌为争取支持贪大求全，导致项目在立项后难以进入实操层面。同时，传统出版机构从项目策划开始，就要加强与国家新闻出版广电总局的工作对接（中央部委出版社还应考虑部委相关情况、地方出版机构还应考虑地方政策），保证项目的整体设计符合国家新闻出版广电总局思路及相关政策。例如，在数据标准方面，应认真学习 CNONIX 数据标准，实现数据的规范化采集。

第二，适合的切入点。传统出版业在推进大数据建设过程中应充分考虑数据采集的可行性、全面性，数据建模的权威性及数据应用的商业性等特点，合理地进行自身的大数据布局。近两年来，有的中央部委出版社，从产品供给侧数据着手，建立产品资源比较全面、专业、权威的大数据，然后从垂直领域尝试开展细分的市场销售，这是一种比较好的探索大数据的路子。但这种路子地方出版机构就未必适合，地方出版机构没有中央部委出版社这样的独家资源，或者说在某一领域的权威资源。从产品供给侧来说，地方出版机构也很难拿到某一方面的全覆盖数据，我建议应考虑从用户需

求侧数据着手，开发基于一定范围内用户需求侧大数据分析的出版选题和全媒体产品，逐步打造地方出版业"大数据出版"品牌。在大数据项目定位上，我还建议大家可以标上"试点"两个字，因为传统出版业布局大数据，大家都没有现成的经验，都是在走一条之前从未走过的路，以"试点"的形式探索，建设的过程和结果为国家新闻出版广电总局行业大数据工程提供试点经验和样本数据，这样传统出版机构推进大数据建设的试点项目就可以和国家新闻出版广电总局指导的行业大数据工程有效联系起来，也可以更好地争取国家新闻出版广电总局对项目的指导和支持。

第三，开发的心态、内外两方面的深度融合。传统出版机构布局大数据，不是传统出版机构可以独立完成的，需要开放的心态和内外两方面的深度融合。内部，是传统出版机构内部传统出版和数字出版的工作融合；外部，是整个传统出版业"政产学研技运"六方面的工作融合。所以传统出版机构在大数据建设方面，心态一定要开放，一定要明确，大数据仅靠我们传统出版业机构现有的团队肯定做不出来，需要政府部门的指导、行业同仁的分享、高校的人才输送、研究机构的建议、技术商的方案及运营推广商的帮助。只有心态开放、集思广益、群策群力，传统出版机构才有可能建立自己可行的大数据出版模式。

第四，严谨的过程。"大数据"强调对用户需求侧或产品供给侧一定专业领域、一定用户群体或者一定时空范围相关全集数据的采集和整理，通过对"全覆盖"数据的有效分析，达到对事物发展认识的准确统计、预测和进一步的应用服务，这是"大数据"的工作原理。所以传统出版机构在"大数据+出版"建设过程中，要求一定要严谨，从数据采集的全面、算法模型的论证、用户画像的尽可能准确、产品策划的合理、沙盘推演的练习到实际推出后，根据误差情况不断调整、完善，在借助大数据技术推进出版知识服务产品开发的全过程中，要求一定要严谨，并在这个过程中关注各类数据可能对我们的算法模型产生的影响。只有步步求精，步步严格，最终我们才可能做出一个用户认可、需要且愿意消费的知识服务产品。

第五，尝试与资本合作。传统出版机构在布局大数据的过程中，要敢于借助国家财政的基金、文投等政策红利和资本"杠杆"效应，通过自己的"大数据故事"，尝试与社会资本合作，探索"大数据出版"的资本化运营，成为传统出版机构股改上市或吸引投资的亮点。"大数据+出版"，有足够的想象空间，有良好的发展趋势，而且得到国家政策支持，这些都是资本愿意追逐的题材，关键就在于我们能不能讲好自己的"大数据故事"。

根据国家发展改革委发展规划司的统计测算，人均 GDP 达到 5000 美元，恩格尔系数小于 40% 的前提下，文化平均支出应当占生活支出的 20%。我国当前人均 GDP 为 7924 美元，城乡恩格尔系数都在 40% 以下，但文化支出城镇为 8%，农村为 3%，远低于 20% 的平均水平，由此推出我国文化产业还有 3.5 万亿元的消费空间有待挖掘。这对传统出版业布局"大数据+出版"来说，是很大的机遇，同时也是严峻的挑战。传统出版机构只有真正做好大数据的"采""管""用""卖"，实现出版与大数据的化学反应，抓住用户痛点，以用户适合获取知识的方式和渠道，做出用户需要且愿意消费的知识"细粮"，才能真正实现"大数据＋出版"的有效布局，才能在解决我国人民日益增长的美好生活需要和不平衡、不充分发展之间的社会主要矛盾上贡献出版的应有之力。

浅谈专业化与知识服务

◎ 北京瑞尔智讯科技有限公司原总经理　耿春伟

如何以专业化角度看待新闻出版与知识服务。

首先，从社会进步角度来看，什么是知识经济时代？知识经济时代也被称为数字经济时代、技术经济时代，主要是指用数字化内容、知识创新经济活动的过程。

其次，专业化服务，是社会发展的必然和趋势。从农业社会到工业社会到现在的知识经济社会，生产力得到了极大提高。从农业社会手工劳动到工业社会的机械化生产，再到信息社会借助信息化技术，生产力得到极大提高。出生于 20 世纪六七十年代的人经历过从工业社会到信息社会的变迁过程，深有感触，在工业化大机械生产年代，通过生产的高度专业化提高整个生产力。到了数字经济时代，借助信息化的工具，人的能力得到进一步提升。例如，我在北京奔驰研发中心观摩了奔驰的生产线，在奔驰的装配车间基本上看不到人，全部是机器人在生产。人类社会发展过程中，生产力的提高体现在两方面：第一，借助于工具及信息化的手段，使得人的能力得到极大提升；第二，通过专业化提高效率。信息化时代通过科技延伸人的能力，进而提高劳动生产率。

社会进步带来各方面的变革，主要表现在生活方式和消费方式的变化。农业时代人们存在以物交换的方式，工业社会货币交换成为普遍的交易方式，而信息时代一切都在数字化，出门不带钱包很安全、方便，可以通过移动支付实现。另外，产品形式在发生变化，比如云相册，这一切改变着人类的消费方式。从网络订餐、网络互动游戏，年轻人多生活在虚拟世界，数字化对年轻人影响较大。

再次，生产要素在改变。农业社会主要生产要素是土地，工业社会生产要素是厂房、车间、机械、资金，进入知识经济年代，生产要素变成知识。在知识经济时代，知识可以转化成财富。百度、谷歌之所以市值上千亿元，基础是搜索引擎算法。知识经济时代的软件、知识产权、发明就会变成生产要素。进入知识经济时代，整个社会化分工越来越细，市场划分也越来越细，尤其在互联网行业。互联网行业的任一个细分市场只有第一，没有第二，竞争激烈。虚拟的平台让我们能更透明、更全面地了解全球市场。通过竞争带动消费者整体需求不断提升，因而对服务、产品的要求也越来越高。

另外，在数字经济时代，服务的要求越来越个性化，很多资讯类 App 例如今日头条，信息资讯服务完全基于个性化的需求进行推送。

教育方式也在发生改变。从农业时代私塾教育到工业时代学校规范教育，而信息时代教育又有了更新的要求，因为知识内容呈几何级数增长，日新月异，发展非常快，如何让每一个人快速更新知识体系，满足工作的需要，对教育的形式与方式有更新、更高的要求。

知识有两个非常重要的特性，一是知识的时效性，新的技术变化非常快。通过网络教育，创新的教育方式能够快速推出现在最新的知识，例如，由美国斯坦福大学教授创建的"优达学城"可以为 IT 从业者提供最新的技术培训。二是知识的增殖性。例如，微软集团提供的基于几十年搜索服务的数据积累建立的知识开放平台，每个人都可以共享，可以在此基础上创新、发展新的知识。

专业化服务是一种大趋势，要适应这样的趋势我们应该怎么做？以我们公司为例，公司定位的服务对象是新闻出版行业。出版行业的业务很复杂，包括选题、编辑、出版发行等流程，而我们只是基于数字内容帮助出版社提供创新服务产品。知识经济时代，数字内容成为一种资产，如何把出版企业现有的数字资产有效、高效利用起来，是我们的产品定位。

出版企业从数字资产到形成知识库、知识产品和知识应用，需要技术上的实现，根据业务流程定制产品。我公司根据出版企业需求，将知识体系和内容进行对接，形成知识库。然后再根据市场用户需要形成知识产品，从而形成知识应用。

专业出版社应专注于某一专业领域，增强服务的专业性。专业出版社可以利用通用分析工具进行市场分析，了解自身优势，发挥优势，弥补劣势，这样才能在市场中胜出。

另外，出版企业应关注用户端，我公司在新闻出版行业发展的时间并不长，但是我有比较深的体会。我们现在对用户这边的需求把握不是很明确，首先知识服务要给用户提供知识服务解决方案，我们要知道用户是怎么消费知识的，能解决什么样的问题，我们应该以什么样的方式获得客户，如何以互联网等比较通行的方式获得客户，这是我们需要真正研究的。

我们需要专业领域不断延伸的知识增值。无论是内容为王还是渠道为王，本质都是知识服务，我们依据这一本质提供解决方案。专业出版社要专注专业知识服务，在结合外部的开放型知识库基础上，不断丰富、完善专有数据资源，通过专注行业及用户资源与需求，提供专业化的知识服务。通过这种服务让出版行业能够专注于数字化转型，专注于出版用户定位所需要的服务，这是我们公司的目标。出版行业要想成功，必须做到专注，因为专注才能专业，只有专业才能成就未来。

专业领域的数字出版在移动互联网时代的商业模式探索

◎ 天津大学出版社数字出版部副主任　李洪健

　　专业领域的数字出版在移动互联网时代就一个关键词——链接。几年来，数字出版圈一直在谈运营，怎样运营成为数字出版的一个关键性问题，但是在移动互联网时代又提出新的问题，抛弃运营以后做什么呢？我们做链接，为什么要放弃运营而做链接呢？因为出版领域无法解决的问题，要交给互联网领域，用互联网领域的打法解决出版领域的问题。

　　移动互联网时代，专业数字出版应该是什么样的商业模式？天津大学出版社出品的"建筑邦"，首先做了 PC 版，进入移动互联网时代做了微信，目前，阅读量约 3 万次，转发量非常大。这就是一种商业模式转变的方式。

　　移动互联网时代最需要的就是链接，出版企业也不例外。天津大学出版社的"建筑邦"将整个地产商、建筑商、建筑设计商、建材做链接，双向互联，形成很大的商业价值。

　　互联网思维就是整个数字出版所有环节都需要可量化且不断被改进，出版社现在没有做到一点，应该向技术公司学习，技术公司每一个环节、每一个平台研发者或者产品经理的工作都要被量化，如果工作不可量化，这个岗位就不需要。出版社的有些岗位没办法量化，但是还保留，这也是一种资源浪费。所以出版社在数字出版上的岗位是不可量化的，我们认为这个岗位没有存在的必要。

　　另外，应该先有用户才有产品。天津大学出版社做"建筑邦"时，掌握了很多用户，这些用户最后转化成了很多产品。有的用户成为"建筑邦"的合作伙伴，很乐意"建筑邦"发布产品。

　　产品即营销，微信做得好不如产品做得好，产品好才能吸引用户。专业领域的"粉丝"具有很大的挖掘潜力。

　　现象即规律，所有内容都可以通过现象发现其内在规律。在出版领域，现象恰恰不被我们所掌控，而是被掌握技术的大公司掌控，现象背后其实有很大的商业价值，但是出版社对商业价值不敏感。某家出版社因为抓住某个规律做大时，这绝对不是侥幸，而是因为这家出版社有敏锐的观察力。

出版的战略，战略＝方向×10＋执行力。战略和执行力肯定是不一样的。出版人更愿意把精力放在执行力上，但是执行力很强时或许方向不对，方向不对执行力再强也收不到良好效果。并不是说执行力不重要，执行力只是基本功，找到正确的方向才是更重要的事情。

移动互联网解放了时间也解放了空间，社交媒体改变了我们获取知识和信息的方式，我们通过QQ、微信、数字图书阅读、视频直播等方式获取知识，所以在移动互联网获取知识肯定和原来纸质出版不同。

精益出版，是指用最小的成本以最快的方式试错。我们创立了一种新模式，即甲方是出版社，乙方是平台开发公司，丙方是技术监理公司，通过三方制约，保证出版社开发的数字平台或产品更好地为出版服务。

有一种思维叫场景思维，产品即场景，分享即获取，跨界即链接，流行即流量。聚焦内容与人格，让数字出版找到链接世界的正确姿态。

在突破性技术创新面前，所有的商业模式都是纸老虎。专业领域数字出版在垂直领域做链接，然后真正为上、下游的从业者提供更好的知识服务模式，或许能成为数字出版的突破口。

移动互联时代出版转型的质量体系建设

◎ 北京云测信息技术有限公司总裁　徐　琨

谈到出版业，我想到两个人——毕昇和谷登堡。虽然最早的活字印刷术是毕昇发明的，但使用活字印刷并导致了出版业的出现是谷登堡的技术，这项技术最终使印刷业成为一个产业。

活字印刷术和我们整个技术变革很相似，就是一个技术如何能够变成一个产业，需要技术加上产业，才能变成一个新的产业。基于出版，随着科学技术发展，计算机排版技术进一步提高了印刷能力。而今纸质图书的阅读者越来越少。

移动互联网的发展不仅改变了人们的生活方式，也改变了人们的阅读方式，因而我们应该改变思维模式。

移动互联网时代，谈到大数据，数据是基础，算法是关键，场景才是核心。

移动互联网覆盖了 95% 以上用户，移动互联网时代是信息时代的尾巴，同时又是"大数据＋"、人工智能的开端，在这个时间节点上出版业必定要变革。融合到出版行业，我们应从质量方面深入研究，导致许多 App 质量不高的原因主要是测试不充分。测试应做到以下三步。第一步，保证 App 功能完备。第二步，测试寻找精准用户。第三步，要保证系统稳定安全。三轮测试完成后，还要重新回归功能验证，保证各种型号手机均可使用新开发的 App。

上半场点评

◎ 点评人：中国中医药出版社数字出版中心主任助理　翟　理

　　第一位孙卫老师曾经两任国家图书馆的总工程师，在他的主题演讲中，用简练精确的方式总结了常见的知识组织和服务方式，指导新闻出版单位和技术企业对号入座选择适合自身的知识服务的发展方向。理论联系实际，指明发展方向的同时具有实操性，为企业智库分论坛奠定了坚实的基础。

　　第二位张忠凯副主任，是我们数字出版圈的红人，也是融智库专家成员，拥有数十年数字出版一线工作经验，项目策划经验和执行经验丰富。他的主题演讲聚焦在当下比较火的大数据领域，从大数据概念、特点、必要性和实操建议方面为大家做了一堂剖析课。他目前还是大数据应用服务重大工程的主要参与者，希望今后有机会能和智库作交流，希望能去贵州出版集团参观学习。

　　第三位是耿春伟总经理，曾在五百强企业担任高级管理人员。他的主题演讲中用自己的理解和实践为我们总结了什么是知识服务，为什么要开展知识服务，以及如何去实际推进知识服务的建设，同时作为一家技术企业通过实际案例看到技术、业务结合的美好前景，对想开展又不知道如何切入的出版社提供了宝贵的参考意见。

　　第四位李洪健副主任来自天津大学出版社，也是融智库的专家，他的主题演讲内容使出版单位都会有相同的感受。自从 2013 年新闻出版行业开展数字化转型升级以来，经过大家在资源数字化生产流程改造和平台产品建设前期的铺垫之后，商业模式尤其是各单位的数字出版业务如何盈利，都成为现在数字出版主任关注的问题。他用自己从业多年的经验与思考，替大家总结了探索移动互联网时代商业模式的规律，其中部分观念非常犀利，也值得每一位从业人员思考。

　　最后一位是徐琨总裁，作为资深的互联网人，在技术研发和运营管理、资本管理方面都有丰富的经验，他所在的北京云测信息技术有限公司目前也是拥有部分先进技术的企业，用反向思考方式呼吁我们关注产品质量体系建设，从而捍卫出版产品质量的生命线，同时该公司也积极参与了行业产品测试和网络安全标准制定。

　　5 位专家发言中"知识服务"是出现频率最高的词汇，这也与现在数字行业转型发展的节奏相符。究竟如何开展知识服务，相信听完专家的发言之后，每个人心里都会有一个初步的想法，或者完善了已有的思路。以下是我对知识服务的思考。

第一，知识服务要找准分享。知识服务形式和组织方式，我们究竟要用哪种方式依据我们所在行业，同时依据我们各自出版单位的实际状况，有所为有所不为，切忌把整个摊子铺得太大，大部分出版单位数字出版部门或者参与从事数字出版部门的人员还是比较有限的，如果把摊子铺得太大，实际建设过程中往往难以执行。我们不可能反复投入人员，以人力成本的增长来推进我们业务。所以在实际过程中，我们还要进一步解放思想，考虑如何去借力、共赢。大部分出版企业中技术都是难题，我们现有人员去学习做技术转型是有困难的，同时如果要到市场上去聘用相关的技术类的人员和人才，大部分出版社薪资结构也有难处。

出版单位如何借助外力完成其技术需求呢？其中包括技术的咨询、把关、研发和后续迭代等工作，应该与第三方企业合作。从技术、运营到销售，多家出版单位广泛与第三方开展合作，出现了共同运营带销售的模式。传统出版如果所在单位不是特别擅长营销工作，我们要去建设、完善一支高效的销售队伍周期比较长，而且这个过程中所付出的成本也相对较高，既然行业内外有很多现成可以提供类似服务的第三方企业，这是数字出版要找准的方向。

第二，知识服务要有明确、清晰的商业模式。这个商业模式不是看到行业内或者行业外哪些单位所采用的模式取得了成功，我们就去简单复制，或者说借鉴。例如，医药行业中职业中医师和职业药师两个不同的知识服务或者培训业务，在商业模式上就有非常大的区别，二者使用的商业模式完全不一样，最后所取得收入量级也会不一样。

第三，知识服务要加强用户数据的搜集和分析。在我们设计产品和平台之初就要预想用户获取的数据信息。我们在调研学习过程中，针对微信用户做了很多获取方式，例如渠道二维码，可以精准获取用户信息与实际需求。

知识产权行业内容资源整合与运营服务

◎ 知识产权出版社有限责任公司科技信息事业部主任　刘化冰

1980 年，知识产权出版社有限责任公司主要为全国专利文献的出版而成立，经过 30 多年的发展，出版社业务大致分为两块：一是基础工作，专利文献出版，多年前已经完全实现了数字出版；二是相对传统的图书和期刊出版工作，包括数字印刷。但是出版社核心的业务是基于知识产权的数字内容资源建设以及基于数字资源、大数据对知识产权全行业进行产业链式的服务。

知识产权出版社有限责任公司近几年主要做市场服务，同时兼任部分研发工作，基于大数据资源，近几年拓展产品线非常长，有几十款产品，逐步形成全产业链服务模式。一方面数据资源和基础方面形成现有的基础，比如有 1200 平方米的 A 级大数据机房，有相应的信息化基础建设的解决方案和专业团队，有相关的服务标准。还有自主研发的技术——可视化、可参与、搜索引擎以及知识产权领域的数据资源，在信息化体系建设中，有相应的产品，其中包括大数据信息服务产品。出版社针对知识产权运用、创作、保护、维权以及培训均开发了相应的工具，在这个基础之上还会提供咨询服务和与运营有关的服务。

知识产权相关数据服务的核心价值是法律价值、科技价值和经济价值。

知识产权领域面对的数据是海量的，近几年发展中，我们看到应用模式逐渐从数据的检索、筛选到不断挖掘、分析，获取数据高度智能化。用户可以抽取二次信息，关联的数据基于内容再形成更高维度的数据这就是知识服务。知识服务不仅是将数据放在应用系统中，实现相关查询应用，为用户提供服务，而是基于人工智能更深度的机器学习，或者是数据挖掘。

20 世纪 90 年代，知识产权出版社有限责任公司开始做电子化产品，1992 年在美国刻了专利数据的光盘。从 2000 年专利检索平台开始上线到 2012 年开始逐步做知识化相关的东西，知识产权出版社有限责任公司在数据内容的资源整合加工方面做了大量工作。

知识产权出版社有限责任公司人才结构较有特色，IT 人员、技术开发人员接近300 人，有产品经理、产品研发人员，相关数据加工共 300 多人。整体数据加工流程，基于专利数据进行扫描，再进行数据加工，并制作出不同格式的知识产权数据。

知识产权出版社有限责任公司从 2012 年开始，萌生做知识产权大数据产品的想法，2013 年正式开始做，到 2016 年上线。中国知识产权大数据服务系统是中国第一个集专利、商标、法律、文书、期刊、标准、版权等数据资源的应用服务系统，包含的数据非常多。应用层数据超过 400T，采取分布式存储建立知识产权大数据服务系统，资源专利 1 亿多条，商标 3000 多万条，标准类 110 万条，版权类 700 万条，还有地理标识等数据内容。

对出版社来说，不仅要有研发还要有好的市场运营。现在同行之间的竞争非常激烈，我们下一步想做大数据商城，不仅提供平台，而且提供服务。

出版行业网络及数据安全解决方案

◎ 北京昆仑联通科技发展股份有限公司解决方案总监　魏　巍

目前，从传统出版向数字出版转型过程中产生了大量新的应用和海量的数据，这对网络安全提出了更大的挑战，《中华人民共和国网络安全法》的颁布也为我们提出了更高的要求，我们怎么做才能满足真正的网络安全和网络安全法提出的要求呢？

很多人认为买一个防火墙、装一个防病毒软件就可以保证网络安全，实际上不是这么简单的事情。十几年前做测评时，提到安全象限时，其数量为 64 个，现在过了十多年，其数量可能已经达到上百个。网络环境下数据安全从以下几方面展开，即网络接入、数据应用、数据安全、运维管理等。网络接入层，我们应该有一套统一的认证平台，现在看到很多系统，还在沿用传统的方式就是用户名和密码，我们的密码甚至没有复杂度的策略，没有变更的要求，甚至是一些默认的密码，非常容易被不法分子破解。通过身份认证平台可以知道用户在哪套应用系统有什么样的权限，有了这个统一平台可以针对这一套平台系统进行安全措施。理想情况是双认证，我们还应该有双因素认证，很多黑客都是用社会工程学知识破解用户名和密码。

什么叫社会工程学？以前想去破解一套系统，找系统有什么样的漏洞，攻破一个账号需要破解，社会功能学知识攻破的不是系统，而是人。搜集用户周边的数据，可能需要了解用户的生日以及周边人的生日，还会收集用户的行为习惯专门制定一套攻击库，每位用户除了自己公司非常核心的应用系统，在互联网上也会在论坛注册这些账号，这些账号和内部使用的账号用户名与密码都一致，所以黑客利用渠道搜集周边相关的信息并进行攻击。如果没有双因素认证很容易就被攻破。

内容安全方面我想重点强调网站安全，出版行业有敏感特点，对外门户网站有时代表一个行业、区域，甚至政府部门机关的门面，一旦这部分网页被不法分子进行篡改，可能会造成非常不好的后果，所以我们要针对专门的对外发布的页面进行保护，同时要定期进行扫描和网站监控。

数据安全，不论怎么发展、什么样的应用系统其核心都是数据。大量结构化的数据基本上都放在数据库中，我们现在看到很多攻击行为，最终拿走大量核心数据，所以我们要针对数据库防火墙等以及一系列数据库专门保护，除了结构化数据之外，出版行业有海量的数据没有进行保护，所以非结构化的数据应该有安全的管理系统去识别这些权限。

很多安全手段发展到现在已经不再需要用户去购买非常昂贵的物理硬件设备做防护系统，可以通过云端方式实现。花很少的钱购买服务云端，实现非常大的流量信息服务和专门针对核心的 Web 防火墙服务。

从传统出版向数字出版转型过程中，产生大量核心数据，数据都是存放在服务器和存储中，大多数企业都可能是一个数据中心或者一个机房。数据中心的存储出现故障，如果没有保护，企业可能将不再存在，所有数据都消失。为避免灾难性后果，必须要有一套系统对数据保驾护航。

备份有很多层面，不同层面的保护应该进行本地备份，如果核心系统出现安全问题，需要保证机房避免出现灾难性后果，例如，火灾、地震可能使物理环境全部不存在，然而备份之后逻辑上在另外一个位置再放一份系统。对于核心系统不仅数据还在，可能还需要业务不中断，那我们可以采用数据复制。

数字化转型步伐比较快，很多安全策略都没有跟上，网络安全、数据安全到终端安全、审计安全，该做的完整架构都未做。

安全体系建设不是一朝一夕的事情，需要不断地检查和完善，从规划、实施过程中检查，最后优化、规划、实施，是螺旋式上升的过程。另外，安全体系建设中行政和管理手段也同样重要。

微软人工智能与出版行业相结合

◎ 微软（中国）有限公司业务拓展总监　刘　彬

目前从行业来讲，微软公司所做工作包括两大方面，一个是大数据，另一个是人工智能。

微软目前在国内除了我所在的市场销售部门，还包括前端的产品研发团队，对现在市场上大家所需要的，或者是与市场相贴近的算法进行研究。比如微软公司可以做到出版行业传播分析，哪些内容是需要的，哪些是目标客户群所关注的，不同地域、不同年龄段，对什么感兴趣，我应该如何组织，甚至产品通过什么样的方式进行发布。通过大数据的搜集、分析以及最后展现，微软提供这样的能力使用户清楚地了解到目前出版发行怎样做最优，怎样拓展到最大的客户群。

找到大数据可以帮助出版行业的同仁找到目标读者。我们可以进行内容制作并提供这样的能力，能够与目标群体进行互动。出版行业里非常重要的一点是怎样与读者互动，把内容做出去以后如何知道内容是大家愿意看的，这就需要大数据分析。

微软公司可以提供传播途径分析，分析出产品内容，其中包括广告、文章，投放这些出去以后，通过什么样的途径覆盖范围最广、受众最广。传统媒体与网络媒体相结合，可以获得社会效益。对社交媒体上所有获客、听众、读者进行反馈，互联网经济中我们非常重视信息反馈。微软公司可以全方位搜集数据甚至可以分析国内外所有社交媒体上的信息数据。出版发行需要优化，出版社可以通过已有大数据得知下一步怎么组织内容，怎么组织发行渠道，针对什么样的地域、客户群进行内容投放，组织什么样的互动能够达到最佳出版效益。这些需求现在大数据都可以完成，而且效果非常好。

微软做的是全球顶尖的人工智能，例如，人工智能产品小冰。智能机器人小冰可以与人聊天。内容制作方面，微软公司有一个虚拟眼镜，与其他的虚拟眼镜不同，微软做出 MR（混合现实），MR 可以做到多方视频会议。微软实时语音传输，可以进行远程会议，多方互相看到彼此。

微软的产品还加入了很多其他功能，例如全球化实时语音翻译。

智慧应用助力出版企业智慧决策

◎ 北京富雷姆科技有限公司总经理　汪海洲

北京富雷姆科技有限公司创建于 2005 年，核心业务包括软件产品研发、行业应用解决方案和网络信息安全三大板块，业务范围涉及行业应用系统开发、移动应用平台开发、网络信息安全防护、系统集成方向。

智慧应用助力出版企业智慧决策起源于为出版行业客户提供服务中的深刻体会，尤其对于业务促进作用，企业创建了多个应用平台，这些平台多是基于传统应用方式创建的。那么，未来应用转型转向智慧化应用应该具备什么样的因素和条件，如何看待平台的智慧转化，是很多企业需要考虑的问题。我认为首先需要考虑企业未来的发展，从传统管理模式到现代管理模式的转变，再到未来知识服务领域，企业要朝着智慧服务的方向不断尝试与探索。

第一，转变传统思维，建立面向未来发展的智慧型战略。智慧战略基于企业的发展战略，立足于各领域的服务职能和产品特色，以智慧应用为基础、数据导向与数据决策支持服务相结合的一种战略。在这个过程里企业需要做一些转变，这种转变包括多方面，例如人才储备、对客户提供数字化与智慧化的服务、培养知识服务的人才、引导一段时间的发展趋势等。目前，多家出版企业内部已经建立各类数字出版加工平台、内部 ERP 流程平台，这些平台实际上已经可以支撑业务运作，今后还要打通数据，在平台之间的融通方面做更加智能化的改变。

第二，在出版企业信息化发展过程中应遵循行业发展规律。对于信息化而言，经历了 1.0 到 2.0 的思路转变，信息化建设结果决定了信息流、物流，还有各种资金流等实现了运载流程的信息化改造，加强数字出版的综合能力。

第三，企业要做到智慧决策。未来决策是在数据的基础上进行智慧决策，很多专家也分享了时间领域和理论研究的成果与心得，未来数据驱动的决策一定是支持企业内外延伸的很好基础。企业创新流或者是企业的新智流也在提高，创新流不是空泛的创新，创新是基于系统之上，科学决策，进行创新性引导。对于出版企业而言，企业内部从上至下需要群策群力，在新智层面上以用户为导向，培养用户习惯、解决用户痛点，为用户做定向的移动开发或者服务。这些服务需要做的不完全是基于现实需求，还要具有前瞻性，这个新智基本上看到未来在企业运营模式上要做到持续创新。

第四，智慧决策的基础工作是企业信息化。信息化的发展进程分成四个阶段：一是数字化和数字处理的过程，实现了纸质书向电子书的转化；二是利用互联网和物联网拉近和终端用户距离的过程；三是自动化和大数据处理的过程。多家企业实现了自动化，正在经历从自动化到智能化转变的过程。企业智能化中最重要的资源是智能化过程中产生的大数据。

第四个阶段，也就是本次大会提到的智慧轻型升级，智慧应用是指资源整合后的运营平台。目前，多家企业还在独立建平台，独立做自己的事情，但是效果并不好，因此，智慧应用正是解决个体企业与行业联动的方法之一，智慧应用可以以个体企业改进系统建设为目标，也可以成为行业级平台，搭建起多家企业级应用的联合体。

第五，构建智慧应用面临的挑战：一是需要可靠的方法体系，二是需要知识体系的构建，三是标准体系的搭建。

最后，智慧应用助力企业智慧决策可以总结为"六个结合"与"六位一体"。"六个结合"：一是线上与线下结合，二是内容与产品结合，三是需求与场景结合，四是消费与数据结合，五是用户与生产结合，六是销售与金融结合。"六位一体"：将数据、信息、商品、用户、资金、服务整合到一起，为企业提供智慧决策的基础，提高企业智慧决策能力。

知识服务变现创新与实战

◎ CSIP 软件与集成电路移动互联网创新公共服务平台副主任　张　棣

2016—2017 年，在互联网领域里知识付费模式异军突起，一年多就创造了 5000 万付费人次和近 150 亿元的市场份额。涌现出"得到""知乎"等一批优秀的知识服务企业。出版行业作为知识服务领域的"正规军"，当然也积极结合互联网最新技术与思维，在近年筹备和建设了很多符合出版业特点和优势的知识服务项目，我结合自身直接参与的多家出版相关机构的知识服务项目建设咨询策划工作来讨论怎么发挥专业出版机构优势和特点，创造更高社会价值和经济价值的知识服务融合创新模式。

一、知识服务综述

1. 知识服务的定义

可以用一句话来简单定义知识服务，即快速运用知识处理问题的解决方案。例如，当一个人的车突然坏了，他拿出一本《汽车自助维护检修大全》，却发现把这本书读完也不一定能把车修好。因为这本书是属于传统内容服务形式，即标准化生产、中心化供应和普及化应用。如果一个人想要成为一名汽修技工，买这本书当然没问题。但如果只是想就眼前的具体问题快速判断一下，这种内容服务形式很明显就无能为力了。这个时候，一般人会在"百度知道"输入问题，看看有没有人回答，或者打电话给会修车的朋友咨询。总之，这个时候他需要特定的"知识援助"来快速、精准、高效地把眼前这个问题处理掉。那么假设就是针对这类场景，能够将知识、软件、服务和数据整合在一起变成一个解决方案，形成产品化供应的模式，即为我们要讨论的知识服务的定义，那么这个定义实际上有四个内涵。

2. 知识服务的内涵

（1）知识服务不是内容服务。内容服务的要素是生产、制造、加工、销售，知识服务的要素是需求、场景、服务、连接。两者的适用对象并不相同。传统内容服务的对象是持续性和系统性学习者，他们需要的知识形式是体系化、中心化、标准化的，所以传统知识服务的重点是知识获取行为。而知识服务的服务对象则是临时性、差异性学习者，他们需要的知识形式正好是去体系化、去中心化、去标准化的，所以知识服务的重点是知识应用行为。

（2）知识服务是高效、精准、便捷地利用知识解决问题的场景化解决方案。这个内涵的核心其实是先有需求场景，后有解决方案。知识服务的应用需求不是被创造出来的，也不需要培养客户的使用行为。而是在客户需要但又没有很好的"知识信息援助"的场景中去提供服务，但是这往往需要快速响应的知识服务产品，这种产品在各领域都严重匮乏，这也是我们要重点突破的方向。

（3）知识服务是个性化、即时化、去中心化、去体系化的。上文已经提到，知识服务有效应用必须满足三个前提，即快速、便捷、高效。而这三个前提需要通过以上"四化"来实现。读者熟悉的"百度知道""知乎""得到"等其实都符合"四化"知识服务平台建设标准，并且或多或少进行了创新与优化，虽然还存在很多用户体验不足的问题，但是基本模式已经反复利用，并被用户接受。

（4）知识服务是一种融合内容、数据、技术、运营于一体的创新服务业态。换句话说，需要一个对互联网、教育、内容生产等领域多种公司组织形态进行跨界整合的服务集聚的新型服务运营公司。但是万变不离其宗，流量在谁的手里谁就是"插线板"，其他的能力可以直接"即插拔"。目前，出版领域每年90亿册图书没有转化为用户流量，书卖出去了，用户没回来。尤其是面向垂直领域的专业传统机构，在内容、渠道和政策方面和其他企业相比几乎具有排他性优势。如何把这些优势转化为入口，转化为真正的流量经济，是传统出版人充分结合自身优势和特点所要思考的问题。

3. 内容服务 2.0 和知识服务

现在行业内对内容服务和知识服务理解有不同的观点。有观点认为现在的内容结合大数据、人工智能和云计算等多种技术形成了知识图谱、画布和各种数据库，这样的应用应该属于知识服务领域。因为它突破了单一媒体的限制，将不同的知识源整合在一起，并通过算法和技术实现独立应用。也有观点认为这可以叫做"内容服务2.0"，因为这种形式相比传统的内容服务确实升级了，但是基本要素却没有发生变化，同样是生产、制造、加工、销售，其底层思维和最终价值兑换模式还是传统的内容服务。对于这个问题，我认为只是角度不同而已。首先，两种模式只是受众和应用场景不同，二者都需要各自持续进化和发展自身的产品体验；其次，这两种形式高度融合，因为要实现真正的知识服务，内容服务 2.0 是必经之路，很多传统的内容服务不能直接应用到知识服务产品体系当中，内容本身就需要重新加工、制作；再次，知识服务其实是内容服务的运营和变现场景，二者是不可割裂的，只是知识服务从最根本的商业逻辑上改变了内容服务的价值兑现能力，使其具备更加丰富和更加巨大的盈利空间，真正实现以产品为核心变成以服务为核心。

以杀毒软件的销售为例。软件也是著作权的一种，软件销售和图书销售有着共通之处，都采用统一产品、标准定价的模式。但360杀毒软件出现之后，也以网络安全和杀毒作为宣传点,模式却完全不一样了,它把同行的得利点变成了自己的失利点,获取客户流量入口以后,通过其他增值服务来挣钱。所以,在我看来,内容服务和知识服务最大的核心差异并非技术形态和应用方法,而是是否具有客户引流和增值变现能力,这个要求对于内容服务1.0或2.0都没有变化,正如无论360杀毒软件是收费还是免费都要把软件平台本身做得更好一样,但是卖软件和做服务一念之间价值模式就完全不同了。一个以安全为入口,一个以知识为入口,但是"卖产品"和"做服务"之间需要用一个叫做"知识服务"的场景去跨越。

二、知识服务模式解读

1. 目前知识服务市场现状与问题

传统互联网模式的开放性知识服务平台目前呈现出明显后劲不足的状态,用户的持续性使用和新增付费行为均受到极大挑战。这是由于传统互联网企业受自身思维局限所导致的。主要表现为以下三个方面。

(1)服务内容和领域重复度高,大量专业内容的提供者和需求者无法得到服务。由于受传统互联网价值逻辑限制,所有平台都在追求覆盖面大、客户消费力强的几个领域,例如,娱乐、健康、理财、创业、亲子、心理等领域。目前,各平台在这些领域的内容高度重合,辨识度不高。而大量真正有良好用户细分价值和长期内容需求的垂直领域却大面积空白。例如,一个视网膜替代材料专家去上述平台分享自己的知识时根本得不到导流倾斜,得不到相关优势推广资源。因为相对上述几个领域,这种内容的受众过于小众化,不符合传统互联网大流量、大入口的商业逻辑。而专业内容需求用户也不会到这几个平台去找服务。

(2)客户付费能力低、持续性差,大量用户属于短期消费和冲动性消费,重复消费则很少。利润不是来自客户的消费行为,而是来自客户消费行为的不断重复。知识服务最核心的内涵是解决问题,而传统知识服务平台以其开放性客户流量的属性注定在这个核心点上不能取得良好的用户体验。用户会基于冲动和好奇产生订阅或者付费行为,但是如果无法形成"听了就会了,会了就用了,用了就解决问题"的刚性需求闭环,时间久了会发现知识难以转化为实际价值,此时持续付费的欲望必然会降低。

(3)服务生态单薄,变现模式单一。传统互联网知识服务平台的结构特点是横向的、扁平的,需要为不同用户提供一个场景,这个场景就是直接的内容变现,无论是卖书还是卖精品课。一旦用户直接付费能力下降,则整个营收模型就会失衡,而这种场景里的用户付费行为又偏偏是最难以稳定的。

2. 专业出版机构知识服务平台建设优势与特点

专业出版机构主导的知识服务平台在针对性地解决上述三个行业痛点方面具有优

势。第一，和开放性、同质化、竞争激烈的网络知识服务平台不同，各专业出版机构本身是各自专业领域内垂直、精准的知识提供商。作者是知识服务者，读者是知识获取者，出版机构通过自身的发行资源和政策属性，可以垄断性地导入所属领域的流量资源。第二，专业出版机构知识服务应用性极强，专业出版机构基本都和知识需求用户有直接业务联系，所以无需担心知识转化价值效率的问题。第三，由于专业出版社的知识服务全部是精准垂直型的，与传统互联网企业的运营模式恰恰相反，为相同客户提供一个生态，由于用户行为属性高度重合，所以知识提供变成了入口，而知识变现的出口多种多样。

3. 知识服务结合行业新媒体案例解析

下面以本人为某医疗器械期刊设计的策划案为例对知识服务模式进行解析。这本杂志属于医疗器械领域较为强势的期刊，覆盖近 2000 家医院和相关机构。但该期刊中的技术性文章涉及大量的软件演示和技术说明，不方便读者采用传统阅读形式快速理解。我为该期刊项目设计定位为"医疗器械领域的垂直知识服务平台"。

第一步，我为期刊设计了"双稿"系统，即除了传统的文字稿件以外，还需提供视频稿件。作者需使用项目软件录制与所提供稿件内容相关的视频，可以制作为 PPT + 语音讲解，以及电脑操作录屏 + 语音讲解两种模式。读者只需要扫描二维码下载杂志专有的 App 即可收看，将线下读者转化为在线用户。该杂志基本都是被医疗器械机构所采购，读者多为医疗器械机构的研发人员和使用人员，用户精准度极高。

第二步，需要解决用户长期使用的黏性问题。相对应的措施是该杂志 App 为每个作者提供了个人知识服务主页，作者可发布更多线上文章（需要杂志编辑审核），并与用户进行即时交流。这样一来，作者可不断扩大发稿数量，提升学术影响力，更重要的是作者与读者建立了联系，从单向沟通变成了双向沟通。作者本身创造了大量附加收入，也为读者提供了更好的知识服务体验。

第三步，有了良好流量和黏性应该如何变现？虽然这个 App 提供了内容付费订阅和精品课销售功能，但是这些并不是主要的变现手段，该项目的核心变现模式是收取第三方厂商入驻费。App 为每个商家也提供相应的自媒体主页，开通后需要每年缴纳 3 万元推广费。这个费用远远低于在杂志上宣传版面的费用，但是效果却比之前在纸质媒体做推广好得多。第一，不受版面限制，企业可以将自己的各种宣传和介绍材料无限制在主页更新。第二，不受时间限制，不会做了这期的推广下期就没了。第三，最重要的是可以和客户建立直接联系，客户可以直接通过厂商主页进行各种咨询、问答或者话题讨论。同时，厂商绝不仅仅是入驻平台做推广而已，现在很多医疗融合创新项目都需要大量的市场培新和技术普及，作为产品和技术优质的厂商更应该义不容辞承担起行业创新知识培训的任务。做好客户教育也是最高效的创新营销手段，也会被更多客户所接受。各企业通过打造自身的知识网红来引导客户创新，将成为新的行业标配。

该项目的 App 也不是传统的竞价排位模式，而是谁的内容好，谁的运营粉丝多，谁就会获得更多平台的支持。该项目在策划阶段进行了大量市场调研，客户对于在一个拥有大量自身精准用户的平台上建立自媒体的意愿强烈。前期报名的厂商多达 700 余家，预期收入 2000 多万元，仅此项收入就远高于该杂志传统纸媒收入，后期还有大量基于大数据和精准信息推送的附加收入尚未计算。

所以，这类"知识服务引导行业创新"形式的新媒体平台的建设未来空间巨大，盈利可观的同时给作者、用户和行业都带来了很高社会价值。该模式的复用性极强，本人在能源化工领域、钢铁制造领域和教育装备领域多次尝试这一模式，其基本运营要素和产品形态都保持稳定，极大降低了相关机构的试错成本。同时，相关行业社、专业社和核心期刊本身特有的资源属性，使得这类项目门槛极高，几乎不存在互联网企业进入的可能性，从而只能选择合作的方式共同分享行业价值。

4. 知识服务结合培训式电商案例解析

下面以本人为某中医药出版机构设计的策划案为例解析培训式知识服务模式。目前，中医药饮片市场整体销售下滑，主要原因是年轻人对传统饮片的功效知识了解严重不足。因为任何消费行为都是先有"消费决策"，后有"消费实施"，而目前几乎所有电商平台都只是解决"消费实施"问题，而对"消费决策"无能为力。

例如，某人因失眠盗汗去看中医，中医诊断为气虚、脾虚，可服用山参片调理。如果该病人要上电商平台购买，他会发现价格千差万别、产地各不相同、品级参差不齐，这和购买标准化产品，如数码鞋帽等消费品自然无法相提并论，不能只看价格做决定，而需要结合自身需求找到合适的产品，并且按正确的方法进行加工和食用。换言之，这是一个由"消费决策"环节的知识服务引导最终"消费实施"的典型案例，传统电商的交易模式对这类产品是无能为力的。

该中药出版机构和中医药领域某国内大型上市公司合作，以"打造饮片领域的电商门户"为愿景开展业务。该出版机构拥有大量详细介绍针对不同症状应如何合理使用饮片的畅销图书资源，覆盖了百万级读者群体。首先，将每本书的相关内容制作成小视频，读者可以扫二维码进入 App 进行学习，提升阅读综合体验。其次，出版机构邀请了大量中医咨询专家在平台上开设知识服务主页，并进行内容更新，增加客户互动性和持续性。最后，中医药企业将不同饮片产品植入 App 进行销售，和传统销售不同的是，这些饮片商品全部和相关知识进行链接。在点击饮片知识时直接显示商品列表，而每个商品列表后都附有相关知识视频，在购买之前可以提前学习饮片的相关知识、了解适应病症，从而使消费者在消费过程中获得精准的知识服务。

专业出版机构的读者具有强消费属性，这个模式对于这类机构具备很强的复用效应。除了常见消费品，很多大型装备商、建筑商等 B2B 领域和金融相关行业同样十分适用。例如，之前投入很多资本一直难有起色的理财产品类电商就存在类似问题。理财产品需要客户具备很好的财商教育基础和资产配置相关基本理论储备，才能更好进行"消费实施"。如果传统电商只做一个产品的集中化分类展示，很明显是无法适用这类用户需求的。因为这个时候用户更加需要的是"决策服务"，而这个服务的实现一定是以知识为载体的，所以本人在相关行业项目咨询时也反复提到未来财富产品的最大流量入口一定是财富教育。金融理财领域的畅销书也非常丰富，这种知识服务融合运营的价值一定远远超过传统的图书销售。

5. 知识服务结合创新人才供应案例解析

下面以本人为某高等教育出版机构设计的策划案为例解析创新人才培训模式。目前，国家全面落实"互联网＋"战略，进入了深度实施的阶段。产业创新一定伴随人才创新，人才创新一定伴随知识服务创新。各个行业在与各种新技术、新模式融合的过程中，产生了大量新型岗位。而现行高等教育模式暂时无法满足这些新型岗位对人才的需求。因而，高校应用型教育改革和企业创新业务人才之间存在巨大鸿沟，这就为该领域的专业出版机构提供了一次"以知识服务引导人才创新"的历史机遇。

例如，现在 VR 和 AR 属于国家重点创新领域，有很多建筑设计领域的公司也纷纷开展与 VR、AR 建筑设计、展示相关的业务。但是国内很多高校的建筑设计专业还没有开设专门的 VR、AR 建筑设计课程，这就使得学员毕业后要么自行选择培训机构加强学习，要么企业自身加大投入，为相关岗位员工提供相应技能培训。而这两种方式除了本身的成本效率问题外，还都存在很大客观困难，这说明高校是最合适的应用教学实施单位。但是，高校往往心有余而力不足，除了本身学科建设非常优秀的少数高校外，很多非发达地区的高校其实很难从本地组织前沿领域的有效师资队伍并研发新的课程体系。即便是有这样的队伍，每个学校可投入的资金都是有限的，无法投入很大精力去做行业型的创新人才供应平台，因此专业出版机构非常适合研发以企业实际业务创新需求为导向的创新人才公共知识服务平台。

第一，出版社本身就是教材提供机构，其跨高校和跨区域将相同专业学员导流到统一知识服务平台的能力比一般高校更具有优势，只需要在相关教材上提供学习平台的注册入口即可。

第二，专业出版机构在聚集优质行业师资力量、进行教学体系研发方面也具备优势。高校主要进行教学实施工作，而专业出版机构则更加专注于内容研发和课程体系建设。专业出版社的作者资源不仅覆盖相关领域的高校教师，同时也可以覆盖行业应用领域专家，因而专业出版机构更适合做公共知识服务体系建设的主体。

第三，相对高校而言，专业出版机构能够更好地组织相关企业开展就业渠道整合工作。因为专业出版机构的业务范围具有行业属性，所以能够提供更具针对性的资源整合服务。某高校出版社利用所属高校的优势专业（建筑设计专业），不仅整合到了优质的教师资源，而且与相关领域的专家建立了良好的合作关系。出版社与作者共同将教材、课程、知识服务体系和就业合作通道整合到软硬件融合的教学平台上，然后向其他高校建筑设计专业统一提供"建筑设计 VR、AR 实践课程教学"共建服务，其他院校只需要支付相关课程共建费用，即可通过平台提供的远程智慧教学系统实现学员同步授课、同步教学、统一考核和集体推荐就业服务。项目既扩大了自身收益，也有效地降低了其他相关学院学科建设成本，最重要的是将高校相关专业联合起来，统一形成了建筑设计领域创新人才供应入口，形成了巨大的附加值。

三、专业出版机构知识服务运营要素总结

1. 知识服务平台策划和建设流程

（1）知识服务平台产品设计流程。近年来，专业出版机构通过知识服务领域相关项目建设的实际经验和教训总结，从以往的"技术先行"逐步过渡到"产品先行"的科学项目建设观上来。其实软件工程和其他工程一样，没有先找"施工队（即技术开发公司）"的，一般都是先找"设计院（即产品设计咨询公司）"，设计规划明白了再开始进行开发。本人从事相关产品设计咨询工作多年，关于产品设计流程总结出十个字：用户→场景→行为→需求→功能。例如，用户是上班族，场景是其居住地离公司或地铁不远不近，行为是走路或坐车，需求是走路稍远、坐车又太近，功能是什么呢？是共享单车。一个产品的功能是不可能错的，如果错了，一定是前面四个环节出了问题，要么客户定义不准，要么场景不存在，要么行为分析有误，要么需求不是刚需是伪需求。如果以上四点都对，功能设计是不可能错的。本人所经历咨询的项目基本都是前面四个环节出了问题，甚至很多项目直接忽略了产品设计，拍脑袋空想功能，缺乏科学分析和统一规划，因而往往在第一个环节就出了问题。用户完全没有按科学的属性加以区别并作出分析，只是大而化之地给出一个笼统方向，自然后续产品设计的科学性便无从谈起。用户和技术公司陷入消耗性的需求陷阱，在反复修改和消耗中错过项目的最佳运营时机。所以知识服务项目的开发一定要谋定而后动，先设计规划好再开发。

（2）知识服务平台运营设计流程。知识服务平台运营设计流程主要归纳为三个问题：用户如何激活？行为如何建立？价值如何转换？

一本书能发行10万册或者一篇文章有10万人阅读并不意味着这些用户就能激活为在线状态，就算激活了，没有长期的使用行为也没办法转化为有效流量，就算有长期访问行为，但是没有合理的价值转化机制也无法实现变现。

例如，我曾为一本以产品经理技能训练为主题的图书做过策划。市场上以产品经理为主题的畅销书有将近10本，每年销售几十万册，这些畅销书的读者就是潜在的产品经理的流量入口。这些读者最初或许在几本畅销书里并没有明确的选择倾向，于是我为这本书做了以下几个配套功能规划。第一步，凡是购买该书的读者每周都可以上一节产品公开课，由国内顶尖互联网公司的产品总监级别以上高管亲自授课。作为产品经理的读者，能听到平时听说过但见不到的高手讲课，就很容易被激活。邀请这

些高手讲课也并非难事，很多时候甚至不用付费，因为他们也想建立自身的粉丝群或推广公司项目，甚至利用这个平台进行招聘和项目众包。但是仅仅这样还不行，因为一周上一节产品公开课实在不能说黏性很好，这就需要更加密集和有效的用户访问行为建设。

第二步，该平台招聘了四名产品经理。专业的产品经理都有一个必修课，就是要积极了解和分析产品的最新功能和用户体验亮点。这个工作一是比较耗时，二是并非每个从业者都会使用科学的产品分析方法。针对这种情况，这四名产品经理每人负责一个频道，每天围绕一个新产品做20分钟讲解。这个服务是免费的，这样就建立了大量的持续用户访问，很多用户形成了每天收听的习惯，这样用户的持续访问行为就建立了。

付出了这么多成本，每天有这么多用户进行访问，究竟怎么变现？这就需要第三步，价值转换模式。其实这个项目一开始就引入了第三方合作机构，是一家著名的招聘平台。目前，各大招聘平台竞争激烈，产品经理作为目前各企业需求最大的招聘痛点，其聚集的地方成为价值巨大的潜在流量入口，而这家招聘平台看中的是这些图书的读者其实就是潜在的优质"被动求职者（指没有投递简历但是可能跳槽的人）"，而在产品经理的招聘上，往往被动求职者的价值高于主动求职者。所以该招聘平台不仅承担了和图书相关的产品开发和运营成本，同时根据用户流量导入与出版机构进行结算，使得出版社获取了大量的图书附加值。通过这个案例可以看出，运营的三个阶段有着密不可分和相互依存的关系。

（3）知识服务平台价值兑现流程。衡量一个知识服务平台的核心价值，需要分为四个阶段。第一个阶段关注是否存在优质流量入口，即是否有持续访问行为的精准型用户。第二阶段关注是否存在稳定收入，这个阶段不一定盈利，但是一定要有稳定和持续的收入。第三个阶段关注盈利，但不是看盈利的多少，而是看盈利的模型，是单价×销售额还是基数×转化率。如果是后者，那么就是健康的模型，未来增长的空间一定大。第四个阶段关注是否带来真实的社会价值，这个阶段也很关键，专业出版机构的知识服务平台建设一定要死守社会价值和经济价值并重的底线，这样才能使自身的优势得以真正发挥。

2. 知识服务立项审查原则

（1）是否存在可预期的存量市场。出版机构在项目实施之前，对本单位出版的某个领域的图书、发布渠道等进行梳理，看是否处于成熟和领先的状态。处于领先状态的内容就是存量市场，而配套的知识服务平台项目是存量市场的优化和价值模型再造，并不需要去开拓一个新的市场。

（2）是否存在明显的用户需求痛点，即用户是否在原来的纸质阅读体验中缺乏某种关键性痛点服务。例如，专业图书配视频讲解的方式并不一定适用于文学类图书，但和作者进行互动交流、讨论，甚至基于图书开展线下读者交流活动，可能是大家更为关心的功能。这个痛点设计必须十分明显，例如，我参与过一个英语四六级图书相关的项目，这本书的痛点是不激活 APP 就无法完成听力测试，所以用户转化率极高。

（3）是否存在持续的用户访问黏性。流量必须要流动，例如有一本孕妇相关的图书直接赠送婴儿衣帽套装，需要注册成为会员激活后才能领取。但是用户激活后领完礼品就走了，而平台没有后续的增值服务跟进以产生用户持续访问行为，所以花了大量成本积累的激活用户价值也就浪费掉了。

（4）是否存在清晰的增值变现渠道。原则就是一定要先想好流量怎么变现，然后再设计整个产品。一般而言，无论是一本书还是一本杂志，用户具有越高的行为趋同性，变现设计就会越简单。例如，《得了糖尿病就该这么吃!》《新人炒股必看36招》这类书，或者《大数据技术与应用》这类杂志，可以想见其读者都具备明确的未来行为可预期性。可以预见到他们都会炒股，或者都会做治疗等，越是具有精准的垂直客户，变现模式就越容易设计。反之通俗类、小说类图书则较为困难，需要特殊题材。

3. 知识服务项目运营总体原则总结

最后为大家总结三条专业出版机构做好知识服务平台运营的核心原则。

第一，流量为王。只要是互联网相关模式，一定是以流量为基础，百度以搜索作为流量入口，阿里以电商作为流量入口，腾讯以社交作为流量入口。但是无一例外都是要先有流量后有附加值。

第二，服务至上。其实专业出版机构是最早的知识服务变现的实践者。一千多年前人们就把知识转化为文字，以竹子或者兽皮为载体，把文字印在上面进行出售，这不就是知识服务变现吗？只是效率较低，体验较差。因此，正本溯源，我们要继续做好知识服务的初心，而不是舍本逐末变成"卖纸的"的销售商。介质和形式并不重要，重要的永远是知识价值的有效传递和应用。

第三，跨界融合。知识服务需要跨行业、跨领域甚至跨机制、跨基因融合内容。专业出版机构在未来的创新与实践中，一方面要发挥自身的优势，另一方面要与更多互联网企业、技术企业、咨询企业和内容生产加工企业共同建设融合生态环境，以开放的姿态迎接知识服务价值腾飞的未来。

还原平面图书信息，构建立体知识体系

◎ 山东斯麦尔数字出版技术有限公司副总经理　韩　霞

原来出版社使用图书信息时主要是基于图书的篇、章、节，现在许多出版社都已经建立起自己的专业知识服务平台，并以此为支撑准备打开知识付费商业模式的大门。随着互联网、移动互联网的发展以及用户需求的丰富化，我们需要将图书里的内容进行提炼，以用户需求为中心、基于知识领域体系对专业知识进行重组。

那么如何建设知识体系以及策划知识服务产品，使平面图书信息以一种专业知识体系来构建，满足用户个性化和多样性需求。山东斯麦尔数字出版技术有限公司依托多年的数字化加工、知识化加工以及知识库产品研发经验，为知识服务产品做了以下整体规划。

（1）资源分析：将出版社资源进行整理，将零散资源整合到一起，从中提取优质资源作为知识服务产品的基础。针对这些优质资源进行内容信息的提取，主要是最基本的结构化、篇章节信息提取。

（2）知识体系建设：在出版社已有分类体系以及当前领域主题词表基础上，并结合资源分析情况构建社内知识体系。

（3）知识产品策划与设计：以资源分析、知识体系建设以及用户实际需求为依据，对知识服务产品进行策划与设计。

（4）知识化加工：资源分析、知识体系建设、知识产品策划与设计三个阶段基本完成了知识产品的知识框架和产品内容展现框架的搭建。而资源知识化加工的最终目的是得到有实际应用价值的数据库资源，这就需要进行知识条目的标引。但知识化加工过程中很多标引信息需要行业专家进行语义分析或者行业层面的判断，这是一个很大的工程，需要巨大的人力、物力。然而，出版社在知识化加工方面的人力资源有限，另外知识服务产品时效性要求较高。所以，斯麦尔公司以此为切入点，组建了自己专业的团队为出版社提供知识加工服务。

一、资源分析

将出版社提供的资源进行原料分析。原料主要是指资源的排版文件或者纸书，将这些原料中的内容按照篇、章、节等信息进行信息提取、基本结构化处理，即显性信息的提取。然后在结构化的基础上再进行隐性信息提取和精细化加工。最后根据内容的知识点或者不同应用场景进行产品的再组织、再利用。以中医药材为例，我们能看到提取的产地、来源以及药材性状等显性信息，但是仅靠这些显性信息是无法满足知识服务对内容信息的需求，因此需要提取隐性信息。

二、知识体系建设

根据内容建设知识体系，知识体系主要分为两部分。第一，主题词表建设。主题词表主要有主表和范畴表，主题词展示基本信息及属性关系。但是仅靠主题词关系是无法满足知识体系建设的需求。

第二，领域本体。领域本体使一些关系形成知识元结构。如在药材中地黄是知识元，在"中药"下面点开"地黄"，显示的是它的基本信息、数据属性和对象属性，基本信息是根据主题词表提取过来；数据属性是这个药材的形状和饮用性状；对象属性是药材的相关知识元的关联。通过知识元的关联关系最终形成知识体系中比较复杂的知识图谱。

三、知识产品策划与设计

根据所有的知识元的部分建设，我们需要对知识产品的服务进行策划和设计，根据目标客户的需求、应用场景、资源的关联关系以及通过对同类产品竞品分析进行知识产品的策划与设计。

四、知识化加工

知识产品策划和体系建设都完成以后，知识产品的标准就已经形成了。我们要将内容根据该标准进行知识化标引，通过生产工具进行自动标引并结合专业人员手动标引进而完成知识化加工工作。

通过以上四个过程，一本平面图书中的信息转化为一个立体化的知识体系，形成知识产品，使用户可以从多个维度使用知识产品。

出版业智库建设与成果转化机制

◎《中国编辑》杂志社副主编、编审　云慧霞

随着《关于加强中国特色新型智库建设的意见》(2015)的颁布，出版业智库建设得到包括企事业单位、研究机构和高校的重视，无论是理论层面的探讨，还是具体实施方案的制订，抑或付诸实践行动，都试图从不同方面、结合各自优势，研究、论证并推动我国出版业新型智库的建设工作。出版业智库致力于推进出版理论研究成果的建设，服务于相关部门出版政策的制定和文化战略决策。正如清华大学国情研究院对自己的智库定位所言："我们应当成为国家未来目标的瞭望者，国家战略的谋划者，国家治理的监督者，要站得更高，看得更远，想得更深，看得更准"。在我看来，出版业智库建设具有以下三个方面的重要内涵。

一是出版业智库建设是顺应"互联网＋"时代发展的必然选择。随着互联网时代的到来，媒体融合发展给出版业带来了巨大的变化，我国出版业得到快速发展，取得了显著的成就，其中出版方面的科研成果和技术研发起了非常重要的作用。从国内的学术刊物近些年来刊载的研究成果就可看出，其研究视野明显超越了传统出版物，而是广泛涉猎社交媒介、融合发展、网络传播、增强现实技术等选题，探讨对象也由原来的纸质图书、期刊扩大到微博、微信、网络文学、数字阅读、移动终端以及各类新形态图书等，思考、关注数字时代出版业、报刊业的转型之路、人才培养模式等，并从学理层面提出合理化建议。出版业如何能够在信息技术飞速发展的当下时代里，与时俱进推进自身的发展繁荣，智库的建设成为一项紧迫而重要的任务。

二是出版业智库建设在出版研究成果转化方面发挥着重要作用。无论是新闻传播和编辑出版的学院派理论研究，还是出版业界以编辑案例、编辑实务为例的经验交流式论文，均属于个人行为的研究成果，很难引起更广泛人群的关注，也很难进入决策者、管理者的视野。这就要求新闻出版业智库的建设要海纳百川，成为高校、科研机构和出版业界共同的研究平台，在研究的渠道沟通方面形成机制，使其成果能够为政府决策、企业发展、社会舆论和公共知识的传播构成影响力，更容易进入决策者、需求者和业界同行的视野。

三是出版业智库建设要更具开放性。首先，出版业智库建设要求高校、研究机构

和出版社合作，共同完成。很多高校成立了出版研究院，完成了大量的研究报告，发表了数量较多的研究成果，是目前出版业智库建设中的主力军，独立的研究机构诸如新闻出版研究院，也在数据统计、报告方面成果不菲，而行业内一些有影响力的智库还在形成当中。这三方面机构各有各的优势，也有不足，企业智库处于产业一线，了解企业产业需求的优势，高校和研究机构则具有实力雄厚的研究团队，应联合起来形成一个智库共同体，融合各自的研究成果，共同为党和政府民主决策、科学决策发挥重要的作用。其次，就研究成果的开放性建设而言，目前，我国最大的网络学术平台"中国知网"堪称智库建设的重要领域和阵地，在互联网的信息化、开放性、数据海量的优势支持下，所有在公开出版的学术期刊发表的文章都纳入这一平台之中，为任何一项学术研究活动的展开提供便利，同时，也有效地制止了学术不端行为的发生，为建立一个学术研究的绿色生态起到了非常好的作用。

四是智库研究的跨学科性。智库以战略问题和公共政策为主要研究对象，涉及的范围非常广，可谓涵盖了民生的方方面面，不是单一学科所能解决的。所以，跨学科研究就成为智库的重要特点之一，而互联网无疑为跨学科研究提供了非常便利的条件。就出版业智库建设而言，一方面是对新闻传播、编辑出版学科基本问题的研究，另一方面与文史哲、艺术学乃至信息技术相关方面学科的交叉研究，也成为学者们热衷于选择的研究方式。将出版学与文学结合，发现文学史上的很多文学家同时也是期刊编辑，在自身进行创作的同时还扶植了大量的文坛新秀。如果将出版学与史学结合，发现我国历史上历朝历代都有大型的图书编辑出版活动和出版家：《四库全书》《四部丛刊》的编辑校勘等，孔子、班固、刘向父子等既是哲学家又是编辑学家。可以说，当下是一个跨学科研究的时代，不涉及其他学科的研究是故步自封的。

最后谈谈我所供职的《中国编辑》杂志。该杂志是一份以刊载新闻出版领域重要研究成果的学术期刊，一直倡导"大文化、大编辑、大传播"的办刊理念。一方面刊发高校、科研机构等学院派专家学者的理论性研究成果，另一方面我们也积极刊发包括出版社、期刊社、报社甚至是网站等广大编辑同仁撰写的编辑实务类文章。在我国出版界，特别像商务印书馆、中华书局、中国大百科全书出版社等老牌出版机构里，有一批既从事出版实际工作同时对出版理论有深入研究的当代出版人，他们以自身的理论研究支撑和推动着出版实践，以自身的出版实践不断丰富和发展着理论研究。作为中国编辑学会会刊的《中国编辑》杂志积极致力于成为业界同仁经验交流、业务学习的平台，将理论研究与实务研究相结合，推动编辑出版和新闻传播学科研究的可持续发展。作为全国性的学术期刊，《中国编辑》十分愿意成为新闻出版业智库研究成果的展示平台，彰显新型智库的魅力。

知识服务的思考与实践

◎ 北京泰克贝思科技股份有限公司总经理　王　东

知识服务工作一直在实践，从没有停止过。知识服务除了要满足用户现实需求以外，更有责任激发个体的潜在需求。做数字出版也必须思考是否能激发潜在客户需求。国家提出的"全民阅读"，目的在于激发个体求知欲望，从而提高全民整体素质。如果出版成果中弱化了知识服务，数字出版也就没有意义了。

互联网不只是给我们带来技术启示，更主要的是带来了思想和运作模式的启示。以用户为核心及开放合作的思想值得我们深思。数字出版如何才能真正做到以用户为主解决产品研发中的痛点也是我们应该思考的问题。

数字出版虽然起源于信息技术，但没有改变传统出版的本质，它依然是知识服务产业当中重要的环节。出版社要挖掘用户特点，要分清客户是谁、用户是谁，数字出版更多地应该面对的是客户而不是用户，建议有效依托机构客户，逐步抓住个人客户。

产品成果效率提高了，利润价值就提升了，所以数字出版应该不断丰富产品形态。另外要提高传播效率、拓宽知识内容生产模式、加大数据分析指导能力，还要厘清知识内容与知识产品的关系。

知识服务产业发展一定要有互联网思维，以用户为中心，关注用户需求，围绕目标去做好服务。拿什么东西满足需求和提高需求、通过什么样的方式做好服务，这不是中小出版社能够做得到。出版社作为上游单位能为作者和读者或者其他用户提供什么服务？如何与下游用户单位建立有效连接？我们作为数字出版企业与出版社能有什么样的合作？我们正在搭建一个机构间的知识产品交易与服务平台。

交易服务平台解决什么问题？平台针对用户需求提供个性化服务内容，系统地构建标准化产品，为供给方和需求方提供交易服务。我认为我们的服务使命包括两个方面：一是知识传递，不管主观性还是客观需求，将为更多的个体提供知识内容；二是知识创造，通过平台可以有效地利用互联网技术采集用户的内容与成果。作为企业，希望能与出版单位一起为知识服务做出贡献，目前我们平台聚合了110多家出版单位和文化公司、600多家图书馆，还在努力扩大合作范围。

下半场点评

◎ 点评人：九州出版社数字出版分社社长　朱国政

　　张榡的演讲引发了多种思考，这是论坛主旨之一。从智库的角度来讲，智库对于大家的实际作用是智慧激发。

　　我在出版社做数字出版工作，与技术企业合作时在传统意义上属于甲方。听了刚才一些合作伙伴的发言，我有一点想法提出来，可能会给大家一个提示。当我们在密集度非常高而且知识点很分散的场合去做演讲时，建议技术企业和供应商主要选取不多于两个核心点去讲，讲明白到底想让大家了解什么。换句话讲，我是来听人演讲，不是来看人播放产品说明书，如果在5分钟内不能说清楚，那就无法让人对你的产品产生兴趣或对你的演讲产生共鸣。

　　我们应该关注产品的使用价值，而不是如何使用产品。希望技术企业从使用的角度去考虑，直接用案例告诉出版企业服务的内容。

成果发布主论坛

主 持 人：知识产权出版社有限责任公司党委委员、行政事业部主任，融智库总经理　唐学贵
南京大学信息管理学院党委书记、校审计处处长、教授
江　莹

2017年10月15日下午（13:30—17:30）

《中国新闻出版智库蓝皮书》发布

◎ 南京大学出版研究院副院长，南京大学信息管理学院教授、博士生导师　杨海平

《中国新闻出版智库蓝皮书》（以下简称"蓝皮书"）最早是作为一个课题进行研究的，在课题研究的基础上组织研究团队，完善并整理成蓝皮书。

国家对智库建设非常重视，国家新闻出版广电总局对智库建设在三个重大节点做出部署。一是 2015 年 12 月，在中国新闻出版研究院成立 30 周年座谈会上，国家新闻出版广电总局副局长吴尚之强调，要加快建设新闻出版新型智库。二是 2017 年 5 月，中共中央宣传部、公安部、国家新闻出版广电总局等 9 部门联合印发文件，明确社会智库实行双重管理，坚持扶持和规范并重，引导社会智库发挥正能量。三是 2017 年 9 月，国家新闻出版广电总局印发《新闻出版广播影视"十三五"发展规划》，国家新闻出版广电总局在推进整个文化产业转型升级方面做了很多工作，国家新闻出版广电总局"十三五"规划规定：统筹整合优质资源，建设若干家国家需要、特色鲜明、制度创新、引领发展的新闻出版专业化智库。

第一，智库对经济社会的转型升级和快速发展具有重要意义。第二，新闻出版业转型升级后，产业发展从集团化到多元化再到品牌化，需要智力支撑，需要不同思想、不同观点、不同的发展路径，智库的意义便在此。第三，新闻出版业在制度上有很多优势，已经做了很多相关产品，这些产品都是做高端智库的基础条件。

智库建设基础有三部分：一是从政策基础；二是理论研究基础，从学术角度，把各种观点、各种智慧融合到一起，产业发展、政策管理，为党和政府决策做出参考性意见；三是人力资源基础，出版行业拥有庞大的专家团队。

蓝皮书目前列了三种智库，一是党政智库，二是高校智库，三是企业智库。这三种智库在我们的研究报告中都有所体现。对这三种智库比较后发现，我国新闻出版业智库一是具备一定的数量规模，以出版研究为主的各种类型智库有几十个，高校的出版智库数量更多，企业的智库建设受到广泛关注。二是完成了大量的研究报告，参与过许多重要的政府决策咨询，在支撑党和政府民主决策、科学决策方面发挥了重要的作用。三是在行业内外具有一定影响力的出版智库正在形成。

另外，行业具有一定研究能力的智库正在形成。新闻出版机构除了以上三大类之

外，还有一些组织或者机构也在做相关工作。例如，国家数字出版基地、新闻出版科研院所、新闻出版信息中心、高校新闻出版研究机构、新闻出版行业协会。同时还有其他一些出版机构也在做智库。我们做了智库评价指标体系，依据指标体系对每个新闻出版智库进行打分并排名。

《中国新闻出版转型升级蓝皮书》发布

◎ 北京印刷学院新闻出版学院副院长　李德升

新闻出版转型升级从 2012 年开始提出，已做了大量工作，从改革发展项目库到融合实验室、科技实验室。《中国新闻出版转型升级蓝皮书》内容丰富，包括五年的建设、实践案例和数据分析。《中国新闻出版转型升级蓝皮书》包括 6 个分报告。

分报告一：新闻出版转型升级机制与体制，机制主要指组织形式。这部分主要包括组织机构变革与创新、部门业务权限的变革与创新、报社和期刊社的体制创新，还有产品产值机制创新、产品市场营销创新、技术研发机制创新、人才机制创新。

分报告二：新闻出版转型升级产业链体系，对 2012 年到 2016 年的情况整体做了分析。整体的产业链有各种形式，以下总结了 5 种。一是数字出版产品与服务体系，列举了部分事例，选取了做得比较好的数字企业。为了考虑公平，企业不能做广告，把名称都隐去，把具体运作模式放到报告里。二是按照技术分类，有 AR、VR、MR，从技术角度讲转型升级。三是技术开发和平台的技术体系，其中包括常见的云计算、大数据的架构。四是出版产品和分销的体系，主要涉及 B2B、B2C 等方面。五是人才队伍体系，主要着重于数字化对转型升级人才队伍有何需求。

分报告三：新闻出版转型升级项目体系，对 2012 年到 2016 年所有涉及的项目、实验室、服务性企业均做了梳理。从转型升级到改革发展项目库，再到中央文化企业转型项目，有多家出版单位或企业申请。科技实验室、融合实验室，多家单位也申请过。在书中对每一个转型升级项目、每一个实验室项目、每一个资本金项目的评价规定和标准进行了介绍。

分报告四：对新闻出版转型升级技术支持企业做了梳理。中央企业单位转型升级项目共有几个方面：一是数字化加工软件，二是资源管理，三是编制加工，四是产品发布等。另外，从服务角度分析运营流程再造，对提供资源结合的不同形式都做了不同的分析。

分报告五：新闻出版转型升级单位评价指标体系。对于转型升级相关的一些评价的原则、评价的一些文件以及总结的指标体系做了不成体系的梳理。对实验室、专业出版社进行了评价，做了指标体系评价和梳理。

分报告六：新闻出版转型升级政策体系发展脉络和核心功能分析。第一，企业的脉络，开始侧重于数字化改造，后来侧重于专业资源的集合、服务，再后来侧重于知识服务；第二，新闻出版转型升级政策体系的结构，对于某些方面、某些企业、某些行业有所侧重；第三，对政策功能性进行分析。

翻阅 2009 年、2014 年、2015 年、2016 年多项政策并进行分析，统计出关键词出现频率，其中"转型""出版""升级"都是热门词。

《AR 技术在出版业应用研究报告》发布

◎ 南京大学出版研究院副院长，南京大学信息管理学院教授、博士生导师　杨海平

本报告的选题由国家新闻出版广电总局提出，于 2017 年 9 月完成。

报告内容总结了 AR 出版产业链的现状，做了完整的产业链构图，产业链构图为新闻出版的发展做了布局，便于企业进一步开发，进一步构建商业模式。另外，做了几大块标准，由南京大学团队来完成，其中包括管理标准、技术标准、内容标准、形式标准，计划将此标准上升到行业标准。

关于 AR 和 MPR 的关系问题，我们认为 AR 在出版业中的应用要更为普遍。在此基础上对 AR 出版的相关政策提出了要求，找出了问题，包括应用问题、技术问题、产业问题、安全问题、标准问题。对企业、政府、使用单位或个人提出了相应的对策，这些对策在之前国家新闻出版广电总局委托给中国新闻出版研究院的报告中已经研究过。《AR 技术在出版业应用研究报告》对最终扶持政策、应用标准体系以及用户体验和产业化等方面提出了一系列解决方案。

《数字出版前瞻领域研究蓝皮书》发布

◎ 中国大地出版社执行总经理，融智库董事长　张新新*

《数字出版前瞻领域研究蓝皮书》共 6 个篇章，涉及 6 个"新"，对数字前瞻领域的一些技术、理念、体制机制等进行系统地阐述和介绍。

第一，创新发展理念。首先是指融合发展的概念。融合发展尤其是深度融合，广电、报刊融合路径选择上选择一个抓手，即融媒体。出版业的融合发展没有非常清晰的路径。其次是财政项目改革。特别需要提出来的是财政项目市场化与规划制改革，财政项目市场化主要是文产资金，对项目的支持已经是以前金额的一半，只有二十几亿元。2017 年的项目奖励是 55 万元，2016 年是 100 万元，2017 年项目数额达到 1000 多个，总的盘子控制在二三十亿元，这是市场化改革的体现。另外，国资预算规划的改革，同时对各个申报单位相关的考核是以指标式进行考核，对于具体资金花费没有硬性规定，这两点非常重要。最后是数字出版的公司制模式，前一个是企业家个人的奋斗；后一个是企业家的一种担当，是一种主动履责，为整个团队去考虑。

第二，高新技术。一方面，AR 技术应用于新闻出版业的原理，即 AR 编辑器研发、三维模型库和营销展示系统；另一方面，是大数据应用新闻出版业原理，即数据存储、数据采集、数据清洗、数据标引（知识标引）、数据计算（知识计算）、数据模型、数据服务。

第三，革新体制机制——数字出版体制机制的创新。体制创新，即组织架构创新，业务权限创新。机制创新，即人才机制是 50 万元到 100 万元的年薪，项目机制是 2% 到 5% 的奖励，销售机制是 40% 的业务提成，科研机制是 50% 的专家劳务费。

第四，培养新锐人才。数字出版"千人计划"课程设置；数字出版职称，即数字编辑、数字副编审、数字编审；北京市数字出版职称与国家新闻出版广电总局数字副编审、编审的延展与衔接机制。

第五，谱写业态新篇。其一，数字出版高端智库建构；其二，融媒体建设以及区域性、行业性、品牌性融合发展路径；其三，知识服务的兴起、理念的更新、知识资

---

* 时任中国大地出版社、地质出版社副总编辑，融智库董事长。

源的建设、知识服务指南；其四，数字出版项目解决方案。策划、申报、实施（方案）、项目领导小组、分项工作组、时间表路线图、运动员与裁判员分离机制、项目实施方式、项目验收类型、项目验收文档（计划书、实施方案、过程文档、技术文档、管理文档、财务文档、专项审计、绩效报告）形成全套的解决方案。

第六，宣传贯彻新型标准。一是数字出版业务流程与管理规范；二是知识资源建设与知识服务指南；三是 AR 技术在出版业应用的标准规范。

《AR 出版物标准》发布

◎ 中国新闻出版研究院标准化研究所所长　刘颖丽

多家出版社做 AR 出版物，都会做 AR 出版物的内部规范或者流程。国家鼓励企业通过标准自我声明的方式，接受社会监督。

2017 年，中国新闻出版研究院做了课题《北京地区标准应用情况调查》，共有110 家出版单位填写了调研问卷。关于企业标准的应用情况出乎意料，有 55 家正在制定企业标准，超过 80% 的出版单位要么已经有了企业标准，要么正在制定，这样的数据说明经过几年的发展，行业标准化意识会有很显著的提升。

1993 年，联合国工业发展组织和世界贸易组织先后提出了国家质量技术基础的概念，这个概念包括四个方面：标准、计量、认证、检测。出版行业的国家标准、行业标准、工程项目标准超过 400 项，再加上庞大的企业标准，存在较多标准，但计量、测试和认证方面的标准较薄弱，相信随着转型升级与融合发展，在这几个方面逐渐会被越来越多的技术企业关注，越来越多的出版单位关注，并且通过这样的手段提升本企业产品的服务质量，整体提升行业的质量标准。

希望有更多的出版单位通过制定企业标准、后发布企业标准提高本企业的产品质量。当越来越多的技术企业进入出版行业后，多家出版社寻找技术提供商时，心里没底。如果技术企业把企业标准以自我申明的方式向社会公布，一方面代表技术企业的技术实力，对其拓展市场有非常大的帮助，另一方面也使出版单位能够明明白白地进行选择。

2015 年，国务院发布了深化标准化工作的相关方案，这个方案中提出标准化工作要由政府引导、市场驱动、社会参与、协同推进，标准要成为质量的硬约束。在出版社行业标准成为硬约束也需要一定的基础，基础可能就是更多企业标准，通过实践中的企业标准来提升行业标准，升级为国家标准，最终形成一套完整的质量体系。2017 年国务院部署了标准化工作的重点任务，提出要建立企业标准领跑者制度。领跑者就是企业通过发布先进标准引领行业的发展，希望出版企业和技术企业能够发布具有行业领先性的标准，成为企业标准的领跑者来促进行业的技术提升。

《出版行业网络及数据安全解决方案》发布[*]

◎ 北京昆仑联通科技发展股份有限公司技术总监　刘　潇

出版行业的数字化转型、升级，必将依赖于互联网基础架构，新的业务模式肯定会遇到新的安全问题。下面重点介绍出版行业网络及数据完全解决方案防范互联网软件供应链攻击。

软件供应链有三个环节：一是生产商开发软件工具环节；二是交互环节，所有用户可以通过互联网下载、通过应用商店下载、通过介质购买等方式获取应用软件；三是使用环节。安装好软件后，用户在使用这个软件的过程中，软件会有升级过程，会有维护过程，这叫作"软件供应链"。软件供应链攻击是指为达到非法目的对合法软件进行的攻击。

软件供应链攻击我们用户使用的合法软件，在系统里，绕过安全的防护设备，隐秘性是非常高的。下面通过两个案例了解软件供应链攻击的情况。

第一个案例是某终端系统遭受攻击情况，影响中国1亿多人。2015年12月9日，苹果公司研发工具在苹果平台上开发第三方应用软件开发工具。黑客下载到正常的开发工具，劫持打包，再发布到百度云以及第三方渠道，开发商由于有不好的习惯，从公共空间下载开发工具开发企业应用程序，应用程序就会被感染，所有用户再下载，下载过程中和使用过程中用户信息就被上传到黑客系统。微信、滴滴打车、12306、高德地图、同花顺等常用软件均被这个工具污染过，甚至银行账户安全也受到威胁。

第二个案例是黑客针对业务系统的攻击。2017年6月27日，乌克兰的企业出现了大规模勒索事件，研究发现这次攻击不是勒索，而是控制政府基础设施，乌克兰政府要求乌克兰所有企业使用行业软件 m. e. doc 财务软件，因为乌克兰国家强制要求用，所以黑客就利用这个软件的更新时段攻击了服务器，更新这个财务软件时，业务系统就会被病毒感染，而且在企业内部扩散，50%的企业的所有数据被感染，这些均于源于企业对网络安全不够重视。

从中国目前遭受软件供应链攻击的态势看，2013年开始被攻击的情况不断增多，

---

[*] 文中所涉数据均源于第三方。

167

2017年受影响的人数巨大。在基于更加互联网化的互联网环境下，软件供应链供给暴露给攻击者更大的攻击范围。

2017年上半年，我们对政府、企业单位做的软件使用情况进行了调研。政府和企业免费软件和收费软件的数据统计，免费软件覆盖率达到80%。而免费软件的安全性参差不齐，风险也很高，给企业带来很大的安全隐患。

因为软件供应链攻击者的供应链非常广，所以很难在所有行业都做完善，为此我们给出普遍性的防范建议。第一，企业应该掌握网络终端软件分布的情况，做到实时资产管理，哪些免费、哪些收费、哪些有安全隐患，这样才能做到安全软件的有效管理。第二，要控制安全软件下载渠道，提供企业下载安全平台。第三，软件升级过程要实时把控。第四，要实时分析和感知互联网软件的网络通信行为。第五，要具备安全应急响应能力，当攻击发生时，应第一时间通过网络避免进一步的损失。做到前四个方面，企业人力、物力成本的投入都会非常大。但是最后一点，应急安全显示能力确实是必须要提高和完善的，这样做才能避免受到进一步的损失。

怎么通过一个解决方案提高企业的快速应急响应能力。"昆仑联通实时防护解决方案"从最普通的威胁到最高级的深度可持续性的威胁，都可以做到防护。我们提供的网络安全解决方案，第一部分是黑白名单和静态分析，黑白名单控制企业哪些软件可以安装，哪些软件不可以安装；静态分析和静态管控，通过扫描已知的威胁文件，我们阻断、删除。第二部分是行为检测和保护，动态行为检测和保护可以解决软件供应链攻击。对所有软件活动进行全面、系统的监控，监控系统内核、内存、网络状况等数据，并构建正常的应用程序、运行程序。通过机器学习构建运行时行为的上下链，把正常行为逻辑记录下来，用于检测未知的不正常行为。检测到不正常行为就标记，同时给予警报。平常记录是记录行为，做行为序列。行为异常可以记录下来，让内部人员及时发现，同时针对不同的地方做出正确的应对处理。

正确应对处理之后，系统会在缓解系统以及校正系统进行组织行为，不让威胁行为继续发生从而把所有文件加密或者删除，发现威胁行为之后就会发生截断行为，不让威胁行为继续。还有回滚系统，如果人工做了删除文件的操作，可以做一个回滚，使文件及时恢复。做了解决方案之后，我们才发现机器学习要在企业长时间运作，才会形成自动免疫系统，自动免疫系统才能更有效地提供安全应急响应能力。

《新闻出版应用质量标准》发布

◎ 北京云测信息技术有限公司高级项目总监、Testin 创新实验室负责人　吴　洋

国家非常重视数字出版行业转型升级之路，但是这条路走得并不顺利。究其原因，是因为缺乏一套标准体系作为指引标识出数字产品质量的指标。互联网产品具备更新快、迭代快的特点，许多现行行业标准已经不能适应当前的需求。

北京云测信息技术有限公司 Testin 创新实验室联合北京 20 多家出版单位制定出一套《新闻出版应用质量标准》（以下简称"质量标准"），该"质量标准"是新闻出版行业数据来源最广、覆盖范围最宽、匹配度最强、专业性最强的一套最新标准，其中包括 42 个大项、148 个子项以及 486 个基本指标。

该"质量标准"除了测试角度的质量标准之外，新闻出版单位的专家们也提供了许多行业特性、行业指标，例如，行业特殊属性和行业合规性规则等。

第一，功能性。产品应该具备功能的完备性是指用户正常操作都能得到系统相应处理。例如，搜索框输入作家的姓名，检索相关的作品，点击搜索动作就是一个功能，这时无论输入的是合法的姓名还是不合法的姓名，甚至是文字的字符，不管哪种情况搜索都会有相应的结果返回，检索出作家相应的作品，或者提示用户输入是非法的，都是功能的完整性。但不能操作过后没有结果，没有返回信息，这是功能缺乏完备性的表现。

第二，性能效率。产品性能效率包括时效性、资源占用性和容量。例如，用户访问成功的量化指标是 99.9%，如果用户的连接只有 95%，另外有近 5% 的用户无法获取数据，就是性能效率不达标。再例如，Testin 通过大数据分析得知用户在访问页面，网络环境正常的情况下，90% 以上的用户能接受的打开时间范围在 3 ~ 7 秒，超过 7 秒会是什么情况呢？大数据显示，范围在 7 ~ 9 秒时 31% 的用户会选择取消或者退出这个操作，这些显然是我们不想看到的，也是低于标准不能允许的。

第三，安全性。安全性方面，至少应该保障服务端安全性、应用端安全性、传输协议安全性以及使用环境安全性等。例如，要发布一篇文章、一个观点或者一部报告，如果没有经过加密校验，可能就会被劫持，内容会被篡改。这个风险带来的后果是无法想象的，如果有了对应的指标，这些高风险项就会在上线前被发现、被修复，

从而解决这种问题。

　　第四，兼容性。兼容性主要考虑网络环境兼容、系统兼容和设备兼容。数字化产品满足碎片化设备的兼容性各项指标，才能应对当前复杂市场的考验。

"融易" 知识服务平台发布

◎ CSIP 软件与集成电路移动互联网创新公共服务平台副主任　张　棣

随着出版行业与互联网新模式、新思维、新技术深度融合，出版业在不断创新与实践中发展，如今出版行业面临的创新模式已经远远超出原有数字出版的概念。出版业除了关注全媒体、多终端内容展示的形式以外，更要关注如何利用大数据将内容服务转化为知识服务，将读者转化为粉丝，甚至将垂直领域出版转型升级与相对应的产业整体转型升级紧密结合，并形成行业级知识服务门户。未来出版业与互联网行业深度融合模式将不断涌现。

产业转型首先要进行知识服务转型，出版行业面临的融合出版创新方向几乎涵盖了产品设计、技术开发、知识服务、大数据、智慧教育、人工智能、新媒体运营等各类最新的互联网科技成果与先进模式。很多出版机构不同程度地遇到了创新业务与原有知识经验不匹配的问题，传统的创新知识培训存在成本高、效率低、精准性差、内容获取渠道少等多种问题，因此，拥有一个利用互联网模式、有针对性、结合出版业务特点进行相关知识培训与交流的平台就显得尤为重要。

"融易" 知识服务平台是针对融合出版、创新公共知识服务与经验交流而推出的行业化垂直知识服务门户。"融易" 知识服务平台秉承知识服务引导产业创新的核心理念，邀请了近百位出版领域与互联网领域的专家学者和业务实践精英入驻，用最新知识服务系统建设理念打造线上线下一体化的移动端知识服务平台。

"融易" 知识服务平台主要针对出版机构，吸纳出版创新项目相关人员、高校新闻出版相关专业学员、相关科技公司人员、出版单位策划编辑以及出版行业创新服务机构、行业协会、研究院等相关人员，为他们提供高效、便捷的手机软件，方便相关人员或机构学习，提升应用服务能力。

"融易" 知识服务平台主要功能包括以下几个方面：

1. 精品资讯发布。平台专门筛选优质专家并作出定向邀请，精选有针对性的优秀课程作为培训内容，每周至少进行一次精品资讯发布。

2. 专家机构展示。除了定期更新内容以外，平台采用开放式知识服务运营模式，向专家学者、出版机构和科技企业提供自媒体主页并为他们提供定制服务。专家学者、出版机构以及科技企业可以直接向平台用户提供有针对性的内容或者做咨询服务。

3. 培训直播、点播。除了平台自身组织的研讨会、沙龙以及专家讲座提供直播、点播外，第三方机构的技术演示、服务推广内容也均可直播。

4. 交流活动管理。平台定时发布各种集体参与的讲座、沙龙、研讨会或者市场调研活动，消息化管理的参与方式多样化。

新闻出版数字化转型升级智脑系统发布

◎ 北京瑞尔智讯科技有限公司原总经理　耿春伟

在新媒体和传统媒体融合发展的大背景和趋势下，传统新闻出版产业面临着数字化转型的压力，可以说使命和压力并存，面对不断变化的市场，我们不改变就会被淘汰。同时新闻出版人也肩负着这样的责任，我们要把行业向下一个新的适应社会发展、向适应新的服务消费模式的方向转型，这是大的背景。智脑来自于最佳实践，并通过吸收与总结同行业专家和走在前面的企业的实践经验，抽象出来变成应用系统里能够使用的模板，形成固化的流程。从而使新闻出版行业转型升级的企业能够借鉴与使用。系统包括内容推送、内容检索，还有智能方案的编辑、项目管理等功能，能为用户提供一站式全流程的服务。通过这套系统帮助行业做政策解读，能够帮助我们了解行业的最佳实践，把最佳实践在行业中推广，帮助整个行业快速地进行转型升级，少走弯路。

这个系统可以通过政策的解读，帮助我们申请项目并将项目快速实施，且符合规范地实施，同时能够把整个实施效率极大提升。

系统前端包括项目管理、解决方案编辑器和政策文件库功能。项目管理功能为用户提供项目实施过程的一站式服务。解决方案编辑器把已经实施过的项目、已经做过的一些案例抽象出来并形成模板。有类似项目，或者有相同需求的用户，可以选取模板，通过流程化的模式生成个性化的需要方案。政策文件库可以提供政策文件的解读，帮助用户明确方向及可获取的资源。后端主要包括模块管理功能、方案管理功能、素材库管理功能和系统管理功能等。

产品具有这样几个特性：一是"智能"，系统能够把用户所需要的资讯及时智能化地推送给用户。二是在整个项目申报及实施过程中文档的多人协作。三是具有项目执行过程中的项目文档归集、项目文档跟踪、项目进程跟踪及督办的功能。

对于政策文献的分类，我们结合了智库对市场及政府政策的研究，考虑用户使用的方便性，将所有文献分类成知识服务、AR、VR、"十三五"规划、大数据、转型升级、融合发展等几个栏目，便于用户在这些栏目下进行分类检索。

我们把已经实施过的项目文档抽象成可重复使用的模板，并按项目进行了分类。

做方案、做计划时，困难在于结构，如何规划整体结构往往是最困难的地方。模块就是把整个结构做出来，同时在结构下面所需要的内容系统会智能化地将以前的最佳实践内容提供给用户。在每一个具体的细节方面，系统还将对应的内容、参考的内容选取出来，插入到当前标题下，通过这样一步步流程化的操作，就可以自动生成所需要的方案文档。

另外，系统还支持多人编辑，对于大的项目涉及内容领域比较多，需要不同领域的人员来共同完成，而系统还可以进行任务分配。项目负责人可以按模块或目录划分工作，并对分配的任务进行跟踪，了解实时的项目进展。

项目文档管理非常重要，因为文档是未来项目审计的重要依据，我们在做项目的过程中所有项目文档都应按流程归档，当项目结项时才会顺利。如果没有流程化的文档管理，那么之后需要花大量的人力及时间去完成。

我想强调的是，产品的发布只是一个开始，因为这个产品核心还在于能够把我们行业里面的专家以及企业经验抽取出来，然后在行业里共享，这是智脑的作用。下一步我们应该把最佳实践和成功经验总结出来并快速分享，带动整个行业快速进行转型升级。所以转型升级能否成功，最重要的在于参与者，这需要我们行业领域从业人员的参与，每一个专家把智慧贡献出来，每一个企业把成功经验贡献出来，通过智脑系统进行分享。

《2017 我国新三板传媒上市公司绩效数据报告》发布

◎ 武汉大学信息管理学院教授、博士生导师　朱静雯

　　本报告共选取 479 家传媒类公司，重点发布新三板传媒上市公司 30 强榜单，从新三板这一独特视角深刻解读传媒产业的结构性变化与趋势性发展，对新三板传媒上市公司经营绩效、运营状况、盈利水平等进行全面监测，全景式展现我国新三板传媒上市公司在 2016 年度的发展状况及绩效水平。

　　截至 2016 年 12 月 31 日，共有 10630 家公司挂牌新三板，报告所涉及的传媒类公司数量占新三板公司总数的 4.51%。根据主营业务构成，将传媒类公司细分为四大子行业，分别为：广告营销 195 家，电影娱乐 165 家，动漫游戏 91 家，出版发行 28 家（如图 1 所示）。

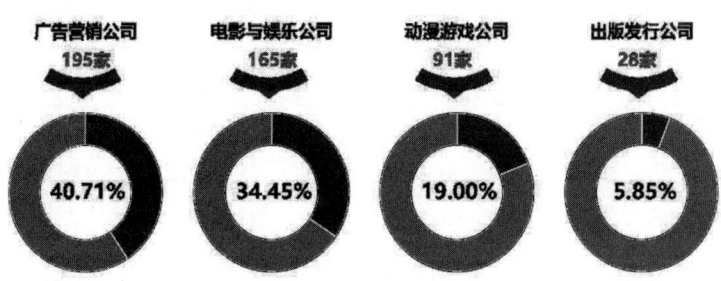

图 1　传媒类公司细分图

　　目前，出版领域登陆新三板的公司并不多，但值得注意的是，世纪天鸿成为第一家从新三板转板至 A 股上市的传媒企业。2017 年 7 月 26 日，中国证券监督管理委员会创业板发行审核委员会召开会议，审核通过山东世纪天鸿文教科技股份有限公司（以下简称"世纪天鸿"）的首发申请。作为一家民营教辅公司，世纪天鸿仅用两年时间完成挂牌新三板、创业板 IPO 申请通过、A 股上市的三级跳，对于目前在新三板的传媒企业来说，这无疑是一针"强心剂"。

　　从地域分布来看，目前国内新三板传媒上市公司主要集中分布在国内经济发达的地区，以渤海湾、长三角和珠三角为主要聚集区域，而新疆、西藏等西部地区则没有新三板传媒上市公司。从具体省市来看，北京、上海、广州以及浙江省是主要聚集地，具体为北京 166 家、上海 77 家、广州 59 家、浙江 32 家。这从一定程度上反映

出国内经济发达地区对新三板传媒上市公司有着非常大的吸引力。

从上市时间分布来看，2015 年和 2016 年新三板传媒上市公司数量飞速攀升，在 2016 年多达 283 家。而与上市时间的集中分布不同的是，新三板传媒公司的成立时间分布较为分散，从 1993 至 2013 年均有新三板传媒公司成立。据统计，新三板传媒上市公司从成立到挂牌短则 3 年，长则 22 年，平均用时 7 年或 8 年。其中，从成立到挂牌在 10 年之内的公司为 368 家，占新三板传媒上市公司总数的 76.8%，说明新三板是中小传媒企业融资转让时门槛相对较低的可选平台，为新创业公司提供了短期资本化转换的舞台。但即便新三板与主板相比，挂牌的门槛较低，却还是需要企业付出一定的监管成本以及基本的业绩要求，需要经历一定的成长阶段才有机会登陆新三板并进行转让、融资。

本报告在对多家上市公司进行调研，征求业内专家意见的基础上构建了包括 6 个二级指标和 25 个三级指标的评价体系，其中 6 个二级指标具体包括：资产规模、运营能力、盈利能力、偿债能力、现金能力和成长能力。在收集、整理 479 家新三板传媒类公司于 2016 年公布的财务数据后，通过评价系统得到新三板传媒上市公司在 2016 年的综合绩效排行榜，表 1 为新三板传媒上市公司综合绩效 30 强榜单。

表 1　新三板传媒上市公司综合绩效 30 强榜单

排名	公司简称	所属类别	绩效值	排名	公司简称	所属类别	绩效值
1	元一传媒	电影娱乐	90.98	16	嘉行传媒	电影娱乐	89.68
2	大地院线	电影娱乐	90.66	17	宗源营销	广告营销	89.67
3	斯福泰克	动漫游戏	90.65	18	拓美传媒	广告营销	89.66
4	体育之窗	电影娱乐	90.44	19	和力辰光	电影娱乐	89.63
5	九星娱乐	动漫游戏	90.29	20	朗知传媒	广告营销	89.6
6	掌握时代	动漫游戏	90.28	21	北教传媒	出版发行	89.57
7	哇棒传媒	广告营销	90.16	22	佳华影业	电影娱乐	89.49
8	美通互动	广告营销	90.08	23	墨麟股份	动漫游戏	89.48
9	中信出版	出版发行	90.01	24	爱尚传媒	电影娱乐	89.46
10	璧合科技	广告营销	89.93	25	柠檬微趣	动漫游戏	89.46
11	原石文化	电影娱乐	89.86	26	乐华文化	电影娱乐	89.44
12	新生飞翔	广告营销	89.84	27	分给网络	动漫游戏	89.43
13	分享时代	动漫游戏	89.8	28	微梦传媒	广告营销	89.42
14	鑫岳影视	电影娱乐	89.77	29	云端传媒	电影娱乐	89.39
15	华语互动	广告营销	89.73	30	深海软件	动漫游戏	89.39

在 2016 年新三板传媒上市公司综合绩效 30 强中，排名第一名的元一传媒同年净利润为 3475 万元，比上年同期增长 91.84%。随着公司对影视剧投入不断扩大，越来

越多的优秀影视作品增加了公司的资金实力与广告收入，使元一传媒在综合绩效方面领先其他公司。同时，通过考察四大子行业在榜单中的分布情况，电影娱乐类公司上榜数量高达 11 家，广告营销类上榜 9 家，动漫游戏类 8 家，出版发行类 2 家。2016 年，电影娱乐产业的综合实力领先于其他产业，国内电影娱乐产业的前景依旧值得期待。除综合绩效 30 强榜单外，报告还从资产规模、现金能力、盈利能力、运营能力、偿债能力、成长能力六个维度分别发布分指标绩效 30 强。

资产规模 30 强中，电影娱乐类上榜数量为 17 家，以绝对的优势、雄厚的资本在资产规模 30 强中占据最大比例，为 57%，广告营销类 6 家，动漫游戏类 4 家，出版发行类 3 家。其中，体育之窗在资产规模中遥遥领先，总资产高达 34.89 亿元，与期初相比增长 117.89%。现金能力 30 强中，动漫游戏类上榜数量为 12 家，占比 40%，广告营销类 9 家，电影娱乐类 8 家，出版发行类 1 家。动漫游戏类上市公司在经营活动产生的现金流相对较大，现金能力较为突出。2016 年，爱玩网络现金比率高达 3762.51%，远远领先于其他公司。

盈利能力 30 强中，电影娱乐类上榜数量高达 13 家，占比 43%，其次为动漫游戏类 9 家，广告营销类 5 家，出版发行类 3 家。电影娱乐类公司凭借强大的用户群，持续盈利能力强，因此，在盈利能力方面有明显的优势。墨麟股份在盈利能力 30 强中力压其他公司，营业利润高达 3.65 亿元，净利润近 2.9 亿元。运营能力 30 强中，广告营销类上榜 19 家，占比 63%，这也和运营模式有关系，主板中广告营销公司占的比例非常大。动漫游戏类和电影娱乐类上榜 5 家，占比 16%，而出版发行仅有 1 家公司上榜。掌握时代在 2016 年运营能力排行中独占鳌头，总资产周转率为 5.90，流动资产周转率为 6.08，资产利用效率较其他公司高。

偿债能力 30 强上榜最多的细分类别是广告营销和电影娱乐。而在成长能力 30 强中，2016 年电影娱乐类体现出强势的成长能力，广告营销和动漫游戏则位列第二位和第三位，而在主板市场上成长能力最强则是动漫游戏。

按各子行业来分，广告营销类综合绩效第一名为哇棒传媒，公司占新三板广告营销类公司总资产的 3.01%，资产规模和运营能力比较强。其优异的绩效体现出创新型科技企业在广告领域利用技术优势的重要性。广告营销类 30 强公司的业务边界明显泛化，战略咨询、内容生产等服务逐渐交叉。同时，数据累积与分析，用户精准画像、大数据整合传播等成为广告公司发展的关键。表 2 是新三板广告营销类上市公司综合绩效 30 强榜单。

电影娱乐类综合绩效第一名是元一传媒，不仅如此，元一传媒还是整个新三板总榜单的第一名，其业务主要是 IP 改编影视领域。该公司 2016 年业绩乐观，以占行业 1.26% 的总资产，带来影视娱乐类 4.21% 的净利润。电影娱乐公司的优势地位受其灵活性、创新性的产业特点影响，同时，IP 效用凸显，明星影响力亦带动企业成长。表 3 是新三板电影娱乐类上市公司综合绩效 30 强榜单。

表2　新三板广告营销类上市公司综合绩效30强榜单

排名	公司简称	公司代码	绩效值	排名	公司简称	公司代码	绩效值
1	哇棒传媒	430346	90.16	16	佳禾传媒	870232	89.2
2	美通互动	836424	90.08	17	瑞凯股份	837817	89.17
3	璧合科技	833451	89.93	18	氢动益维	870207	89.17
4	新生飞翔	832297	89.84	19	掌众科技	430217	89.13
5	华语互动	837477	89.73	20	灵狐科技	835663	89.11
6	宗源营销	835168	89.67	21	自在传媒	834476	89.1
7	拓美传媒	831764	89.66	22	海唐公关	834687	89.1
8	朗知传媒	838015	89.6	23	时空视点	836416	89.05
9	微梦传媒	836868	89.42	24	妈妈网	834093	89.04
10	大象股份	833738	89.38	25	君信品牌	839622	89.03
11	尚诚同力	838657	89.38	26	汇流科技	837844	89
12	华商智汇	839088	89.35	27	海天众意	834680	88.98
13	上方传媒	835872	89.35	28	汇特传媒	836884	88.98
14	智者品牌	839358	89.32	29	淳博传播	839133	88.94
15	艾德韦宣	837732	89.32	30	新影响	835794	88.94

表3　新三板电影娱乐类上市公司综合绩效30强榜单

排名	公司简称	股票代码	绩效值	排名	公司简称	股票代码	绩效值
1	元一传媒	835452	90.98	16	唐人影视	835885	89.09
2	大地院线	837015	90.66	17	杰外动漫	835948	89.01
3	体育之窗	834358	90.44	18	能量传播	833482	89
4	原石文化	839337	89.86	19	约珥传媒	838697	88.99
5	鑫岳影视	838305	89.77	20	开心麻花	835099	88.98
6	嘉行传媒	830951	89.68	21	时代光影	839463	88.94
7	和力辰光	836201	89.63	22	中钜铖	834192	88.88
8	佳华影业	839521	89.49	23	核心创艺	836567	88.87
9	爱尚传媒	834382	89.46	24	唯众传媒	838485	88.86
10	乐华文化	833564	89.44	25	咏声动漫	835994	88.83
11	云端传媒	836628	89.39	26	赤马传媒	839833	88.81
12	长江文化	837747	89.3	27	东仑传媒	835588	88.76
13	盛夏星空	836701	89.3	28	星座魔山	837639	88.74
14	顶峰影业	832927	89.26	29	光彩传媒	834842	88.69
15	永乐文化	837736	89.16	30	新片场	834630	88.69

　　动漫游戏类综合绩效排名第一位的是斯福泰克，其主要业务是游戏研发、游戏研

发和电子竞技。福斯泰克收入的增长有赖于公司游戏发行业务的发展，在东南亚、港澳台地区手游发行市场份额稳步提高。近三年，新三板成为国内规模较小动漫企业加大融资、扩大生产的常见选择。表4是新三板动漫游戏类上市公司综合绩效30强榜单。

表4　新三板动漫游戏类上市公司综合绩效30强榜单

排名	公司简称	股票代码	绩效值	排名	公司简称	股票代码	绩效值
1	斯福泰克	430052	90.65	16	卓杭科技	834133	88.80
2	九星娱乐	830986	90.29	17	乐享互动	839460	88.74
3	掌握时代	838894	90.28	18	紫荆股份	832900	88.73
4	分享时代	837731	89.80	19	天戏互娱	836576	88.70
5	墨麟股份	835067	89.48	20	塔人网络	837014	88.69
6	柠檬微趣	838966	89.46	21	安趣股份	835804	88.65
7	分给网络	839864	89.43	22	绿岸网络	430229	88.58
8	深海软件	839038	89.39	23	掌游天下	836014	88.51
9	华清飞扬	834195	89.34	24	飞扬天下	831302	88.45
10	欧美城	430173	89.20	25	华夏乐游	839885	88.41
11	游戏多	834054	89.18	26	联盛科技	835982	88.39
12	心动网络	833897	89.11	27	雷石集团	832929	88.35
13	云畅游戏	834785	89.05	28	铭源电玩	870045	88.31
14	力港网络	834385	88.97	29	豹风网络	834643	88.25
15	星际互娱	870094	88.94	30	百舟互娱	839102	88.24

中信出版与北教传媒在出版发行类综合绩效中分列第一位、第二位。其中，中信出版社资产规模大，盈利状况良好，2016年以占出版发行类22.44%的总资产，贡献行业31.95%的净利润。新三板挂牌对我国中小出版单位而言是实现融资渠道拓宽、规范企业运营和扩大企业知名度的现实路径。2017年上半年出版发行企业在新三板整体份额占比较小，且股票交易量普遍较小，融资效果有限，依靠新三板融资还需要长期耕耘和观察。表5是新三板出版发行类上市公司综合绩效榜单。

按指标数据离散程度看每个行业竞争程度，动漫游戏类竞争程度最高，而出版发行类则是竞争程度最低的行业。每个子行业在六大能力中各有优势，例如，广告营销类除了运营能力，在偿债能力、盈利能力和现金能力维度也有一定优势；电影娱乐类成长能力尤为突出；动漫游戏类的运营能力、现金能力和成长能力十分抢眼；出版发行类企业在偿债能力、盈利能力、现金能力与资产规模四个维度均超过整个新三板传媒公司的平均值，但优势并不突出，只有资产方面稍微明显。

表5　新三板出版发行类上市公司综合绩效榜单

排名	公司简称	公司代码	绩效值	排名	公司简称	公司代码	绩效值
1	中信出版	834291	90.01485	15	龙源数媒	837482	87.89883
2	北教传媒	831299	89.57495	16	金版文化	835126	87.89592
3	圣才教育	831611	89.10739	17	海之源	838438	87.846
4	学海文化	837108	88.60191	18	大涵文化	838095	87.73176
5	朗朗教育	834729	88.53332	19	中教产业	833110	87.65329
6	世纪天鸿	833456	88.52038	20	天下书盟	833019	87.62721
7	荣信教育	833632	88.4247	21	特别传媒	832658	87.49769
8	经纶传媒	835241	88.35366	22	地铁传媒	870252	87.28792
9	安之文化	831632	88.26788	23	童梦文化	833725	86.84796
10	金百汇	839295	88.16776	24	天合新媒	835242	86.64499
11	四维传媒	430318	88.06109	25	昊福文化	430702	86.48184
12	中育传媒	837484	88.04782	26	佳友科技	831907	86.30211
13	蓝狮子	834163	88.04417	27	书网教育	831217	86.06487
14	九春教育	839505	87.91053	28	仙剑文化	831643	85.87595

　　结合综合绩效与营收指标的离散程度来看，各子行业龙头公司优势异常明显。例如，广告营销类，第一名的哇棒传媒以及紧随其后的美通互动等公司营收都非常好，较排位靠后的公司优势突出，中信出版社远远高于其他新三板出版传媒公司，北教传媒也排在前面。

　　媒至酷除本次发布的新三板综合报告外，将持续发布主板、新三板传媒公司细分行业绩效排行榜以及投融资、创新融合、跨界转型、人力资源建设等多维度、多视角的系列报告。目前，媒至酷团队已建立主板与新三板传媒上市公司财务信息数据库、投融资数据库及创新能力数据库等，将致力于提供针对各类传媒上市公司个性化需求的定制服务，为其提供融合转型、绩效评估、创新提升、资源优化等一站式解决方案，以期为政府职能部门制定产业政策、传媒上市公司战略决策、传媒行业研究者等提供支持与服务。未来，媒至酷团队将持续深耕传媒行业大数据，努力成为有影响力的传媒智库。

《供给侧改革背景下教育出版创新研究与实践》发布

◎ 广东高等教育出版社数字出版中心主任　柯积荣

　　《供给侧改革背景下教育出版创新研究与实践》的亮点是试图通过构建教育出版转型的理论框架和实施路径供出版同行进行交流。本书同时做了二维码关联，是一本二维码融合出版物，书中有16个二维码，背后是数字化资源。

　　本书于2017年8月出版。一方面对数字出版工作进行梳理，指导出版社工作实践，探索转型路径，但是最重要的是对教育出版转型做深度思考。在我看来教育出版转型应该率先进行，为出版行业转型起到示范作用，原因有两点：第一，教育出版规模大，全行业示范性强；第二，教育出版除受到新闻出版产业转型发展的政策驱动之外，还受到教育信息化发展的政策驱动，所以教育出版属于双驱动型行业，应该率先进行出版转型示范。正因为如此，教育出版转型显得尤为重要，必须将它提到更高的层面上进行要求。这本书试图提出一个方向，教育出版转型应该融合发展。借助二维码关联，纸质出版与数字资源出版同步进行。

　　在此思路的基础上建立模型，并且投入实施，建立网络平台，这个平台能够为编辑、作者提供数字化资源的存储和管理，并通过为数字化资源生成二维码，把二维码印刷到图书中间，成为一本二维码融合出版物。数字资源与纸质出版进行了关联，同时为教学带来互动性，提高教学效果和教学质量，丰富教学内涵。本书由两个部分组成：研究篇和实践篇。研究篇是对上述问题的思考，实践篇是怎么构建出版转型的实施路径，并介绍研发过程对出版流程有什么影响。

附 录

附录一 融智库总库第一批专家

1. 管理专家

姓名	单位
罗学科	北京印刷学院
孙建军	南京大学
诸敏刚	知识产权出版社有限责任公司
顾晓华	大地出版传媒集团
艾顺刚	镇江睿泰联合投资有限公司
李 超	北京市新闻出版广电局
闫 翔	中国文联出版社
李 弘	电子工业出版社

2. 理论专家

姓名	单位
王 勤	中国音像与数字出版协会
孙 卫	国家新闻出版重大工程办公室
吴洁明	北方工业大学
杨海平	南京大学
王 飚	中国新闻出版研究院
刘颖丽	中国新闻出版研究院
王章俊	大地出版传媒集团
陈 丹	北京印刷学院
王晓光	武汉大学

3. 实务专家

姓名	单位
石　雄	人民卫生电子音像出版社有限公司
刘爱芳	中国农业出版社
唐学贵	知识产权出版社有限责任公司，融智库
张新新	中国大地出版社，融智库
路本福	外语教学与研究出版社
秦新利	人民军医出版社
李洪健	天津大学出版社
柯积荣	广东高等教育出版社
王　昇	北京万方数据股份有限公司
姜占峰	北京行翼科技有限公司
郑立新	中国少年儿童新闻出版总社
魏　枫	中国建筑工业出版社
周志颖	苏州梦想人软件科技有限公司
赵海涛	中新金桥数字科技（北京）有限公司
张　棣	CSIP 软件与集成电路移动互联网创新公共服务平台
高　培	人民交通出版社
戚　雪	中国法制出版社
林　进	江苏云媒数字科技有限公司
刘化冰	知识产权出版社有限责任公司
张忠凯	贵州出版集团
冯玉明	华商传媒研究院
张松柳	陕西省新闻出版广电局
邵世磊	中国农业科学技术出版社
温　强	化学工业出版社
胡　涛	社会科学文献出版社

附录二 融智库总库第二批专家

1. 管理专家

姓名	单位
李　程	知识产权出版社有限责任公司
李海川	北京聚能鼎力科技股份有限公司
张　震	北京网梯科技发展有限公司
尚春明	中国建筑工业出版社
于晓华	河北一路领先图书贸易有限公司
陈章鸿	中国计划出版社
程　天	广东音像教材出版社有限公司
刘茂林	重庆数字出版协会

2. 理论专家

姓名	单位
杨　林	南京财经大学
郭万超	中国社会科学院经济研究所
刘世能	中国国际城市化发展战略研究委员会、北京富达尔城市发展研究院

3. 实务专家

姓名	单位
朱国政	九州出版社
王文峰	农业教育声像出版社
郑铁男	山东斯麦尔数字出版技术有限公司

续表

姓名	单位
蒋艳平	北京开卷信息技术有限公司
江　波	海洋出版社
谢俊波	湖北长江传媒数字出版有限公司
庄红权	清华大学出版社
刘华东	漫阅科技（天津）有限公司
严　强	北京昆仑联通科技发展股份有限公司
耿春伟	原北京瑞尔智讯科技有限公司
徐天水	广西师范大学出版社
李海亮	中国传媒大学知识互联网实验室
邓荣任	广东省新闻出版技师学院技能鉴定和培训中心
汪凡云	中南大学出版社
安　达	人民邮电出版社
汪海洲	北京富雷姆科技有限公司
王　军	北京云测信息技术有限公司

附录三　融智库吉林智库专家

1. 理论专家

姓名	单位
张文东	东北师范大学传媒学院
夏维波	吉林师范大学传媒学院
崔　军	吉林经济干部管理学院，《东北亚经济研究》期刊

2. 实务专家

姓名	单位
路敦亮	中国吉林网
郑晓辉	长春出版社
林海威	吉林出版集团外语教育公司
段艳文	《中国期刊年鉴》杂志社，中国期刊协会期刊民营发行分会，新华社《中国传媒科技》杂志社
石　岩	长春羿尧网络有限公司（东亚经贸新闻报社吉和网）

附录四　融智库重庆智库专家

1. 管理专家

姓名	单位
周忠华	《商界》杂志社
李　彤	重庆市文化委员会（重庆市版权局）
温相勇	重庆市文化委员会（重庆市版权局）

2. 理论专家

姓名	单位
吴江文	重庆华略数字研究院
张小强	重庆大学

3. 实务专家

姓名	单位
刘茂林	重庆大学出版社
车东林	重庆西信天元数据资讯有限公司
刘爱民	重庆天健互联网出版有限公司
李　俊	西南师范大学出版社
董　康	重庆迪帕数字传媒有限公司

附录五　融智库广东智库专家

1. 管理专家

姓名	单位
唐永亮	广东高等教育出版社有限公司
涂争鸣	广东财经大学
潘英伟	广东音像教材出版社
柯　宁	华南理工大学出版社

2. 理论专家

姓名	单位
李　荣	广东轻工职业技术学院
刘　筑	广东轻工职业技术学院
王惠荣	广东工程职业学院

3. 实务专家

姓名	单位
柯积荣	广东高等教育出版社
区碧茹	广东出版集团数字出版有限公司
颜展敏	广东出版集团数字出版有限公司
程　天	广东音像教材出版社有限公司
康芮华	广州出版社
陈伟平	广东教育出版社
安雪菡	广东地图出版社

续表

姓名	单位
邓荣任	广东省新闻出版技师学院技能鉴定和培训中心
魏甫华	深圳出版发行集团华文国际传媒有限公司
黄晓峰	深圳方直科技股份有限公司
李文毅	珠海启裕软件科技有限公司
黄海晖	广东创而新教育科技有限公司
袁　源	深圳市腾讯计算机系统有限公司
吕迎丰	天朗时代科技有限公司